treiziéme jour du mois de May , l'an de grace mil
sept cens vingt-huit, & de notre Regne le treiziéme. Par le Roi en son Conseil.

Signé , S A I N S O N.

*Regiftré sur le Regiftre VII. de la Chambre
Royale des Libraires & Imprimeurs de Paris,
N° 132. F° 117. conformément aux anciens Reglemens , confirmés par celui du 28. Fevrier
1723. A Paris le 25 May 1728.*

Signé , C O I G N A R D, *Syndic.*

I0082048

A PARIS. De l'Imprimerie de PIERRE
PRAULT. 1731.

LA VIE
DE
MARIANNE,
OU
LES AVANTURES
DE MADAME
LA COMTESSE DE ***.

Par Monsieur DE MARIVAUX.

SECONDE PARTIE.

PARIS,

Chez PRAULT, Pere, Quay de Gêvres,
au Paradis, & à la Croix blanche.

M. DCC. XXXIV.

Avec Approbation, & Privilege du Roy.

AVERTISSEMENT.

LA premiere Partie de la *Vie de Marianne*, a paru faire plaisir à bien des gens; ils en ont sur tout aimé les Réflexions qui y sont semées. D'autres Lecteurs ont dit qu'il y en avoit trop; & c'est à ces derniers à qui ce petit Avant-propos s'adresse.

Si on leur donnoit un Livre intitulé (Réflexions sur l'Homme,) ne le liroient-ils pas volontiers, si les Réflexions en étoient bonnes? Nous en avons même beaucoup, de ces Livres, & dont quelques-uns sont fort estimés; pourquoi donc les Réflexions leur déplaisent-elles ici, en cas qu'elles n'ayent contre elles que d'être des Réflexions?

C'est, diront-ils, que dans des Avantures comme celles-ci, elles ne sont pas à leur place; il est question de nous y amuser, & non pas de nous y faire penser.

A cela voici ce qu'on leur répond. Si vous regardez la Vie de Marianne comme un Roman, vous avez raison, votre critique est juste; il y a trop de Réflexions, & ce n'est pas là la forme ordinaire des Romans, ou des Histoires faites simplement pour divertir. Mais Marianne n'a point songé à faire un Roman non plus. Son Amie lui demande l'Histoire de sa Vie, & elle l'écrit à sa maniere. Marianne n'a aucune forme d'Ouvrage presente à l'esprit. Ce n'est point un Auteur, c'est une femme qui pense, qui a passé par differens états, qui a beaucoup vû; enfin, dont la vie est un tissu d'Evenemens, qui lui ont donné une certaine connoissance du cœur & du caractere des Hommes, &, qui, en contant ses

Avantures, s'imagine être avec son Amie, lui parler, l'entretenir, lui répondre; & dans cet esprit-là, mêle indistinctement les faits qu'elle raconte aux réflexions qui lui viennent à-propos de ces faits; voilà sur quel ton le prend Marianne. Ce n'est, si vous voulez, ni celui du Roman, ni celui de l'Histoire, mais c'est le sien: Ne lui en demandez pas d'autre. Figurez-vous qu'elle n'écrit point, mais qu'elle parle; peut-être qu'en vous mettant à ce point de vûë-là, sa façon de conter ne vous sera pas si désagréable.

Il est pourtant vrai que dans la suite, elle ré-flechit moins & conte davantage, mais pourtant réflechit toûjours; & comme elle va changer d'état, ses Récits vont devenir aussi plus curieux, & ses Réflexions plus appliquables à ce qui se passe dans le grand monde.

Au reste, bien des Lecteurs pourront ne pas aimer la Querelle du Cocher avec Madame du Tour. Il y a des gens qui croyent au-dessous d'eux, de jetter un regard sur ce que l'opinion a traité d'ignoble; mais ceux qui sont un peu plus Philosophes, qui sont un peu moins dupes des distinctions que l'orgüeil a mis dans les choses de ce monde, ces gens-là ne seront pas fâchés de voir ce que c'est que l'Homme, dans un Cocher, & ce que c'est que la Femme, dans une petite Marchande.

LA VIE
DE MARIANNE,

O U

LES AVANTURES

DE MADAME

LA COMTESSE DE***,

Seconde Partie.

DITES-MOI, ma chere amie, ne seroit-ce point un peu par compliment, que vous paroiffez fi curieufe de la fuite de mon Hiftoire ? Je pourrois le foupçonner ; car jufqu'ici tout ce que je vous en aí rapporté, n'eft qu'un tiffu d'Avantures bien fimples, bien

II. Partie.   A

communes; d'Avantures dont le caractere paroîtroit bas & trivial à
beaucoup de Lecteurs, si je les faisois imprimer. Je ne suis encore
qu'une petite Lingere, & cela les
dégoûteroit.

Il y a des gens, dont la vanité
se mêle de tout ce qu'ils font, même de leurs lectures. Donnez-leur
l'Histoire du Cœur humain dans les
grandes conditions, ce devient-là
pour eux un objet important; mais
ne leur parlez pas des Etats médio-
cres, ils ne veulent voir agir que
des Seigneurs, des Princes, des
Rois, ou du moins des Personnes
qui ayent fait une grande figure.
Il n'y a que cela qui existe pour la
noblesse de leur goût. Laissez-là le
reste des Hommes, qu'ils vivent;
mais qu'il n'en soit pas question.
Ils vous diroient volontiers, que la
Nature auroit bien pû se passer de
les faire naître, & que les Bourgeois la deshonorent.

O jugez, Madame, du dedain

que de pareils Lecteurs auroient
eu pour moi !

Au refte, ne confondons point ;
le portrait que je fais de ces gens-
là, ne vous regarde pas, ce n'est pas
vous qui ferez la dupe de mon état ;
mais peut-être que j'écris mal. Le
commencement de ma Vie con-
tient peu d'évenemens, & tout cela
auroit bien pû vous ennuyer. Vous
me dites que non ; vous me preſſez
de continuer, je vous en rends grace, & je continuë ; laiſſez-moi faire,
je ne ferai pas toujours chez Madame du Tour.

Je vous ai dit que j'allai à l'Egliſe, à l'entrée de laquelle je trouvai
de la foule ; mais je n'y reſtai pas.
Mon habit neuf, & ma figure y
auroient trop perdu , & je tâchai,
en me gliſſant tout doucement, de
gagner le haut de l'Egliſe, où j'appercevois de beau monde qui étoit
à ſon aiſe.

C'étoit des femmes extrêmement
parées ; les unes aſſez laides , & qui

s'en doutoient, car elles tâchoient d'avoir si bon air qu'on ne s'en apperçût pas ; d'autres qui ne s'en doutoient point du tout, & qui de la meilleure foi du monde, prenoient leur coqueterie pour un joli visage.

J'en vis une fort aimable, & celle-là ne se donnoit pas la peine d'être coquette ; elle étoit au-dessus de cela pour plaire, elle s'en fioit negligemment à ses graces, & c'étoit ce qui la distinguoit des autres, de qui elle sembloit dire : Je suis naturellement tout ce que ces femmes-là voudroient être.

Il y avoit aussi nombre de jeunes Cavaliers bien faits, gens de robe & d'épée, dont la contenance témoignoit qu'ils étoient bien contens d'eux, & qui prenoient sur le dos de leurs chaises, de ces postures aisées & galantes, qui marquent qu'on est au fait des bons airs du Monde.

Je les voyois tantôt se baisser,

s'appuyer , ſe redreſſer , puis ſoû-
rire, puis ſaluer à droite & à gauche , moins par politeſſe , ou par
devoir, que pour varier les airs de
bonne mine & d'importance, & ſe
montrer ſous differens aſpects.

Et moi, je devinois la penſée de
toutes ces perſonnes-là ſans aucun
effort ; mon inſtinct ne voyoit rien
là qui ne fût de ſa connoiſſance, &
n'en étoit pas plus délié pour cela;
car il ne faut pas s'y méprendre, ni
eſtimer ma pénétration plus qu'elle
ne vaut.

Nous avons deux ſortes d'eſprits,
nous autres femmes. Nous avons
d'abord le nôtre , qui eſt celui que
nous recevons de la nature, celui
qui nous ſert à raiſonner, ſuivant
le degré qu'il a , qui devient ce qui
peut, & qui ne ſçait rien qu'avec le
tems.

Et puis nous en avons encore un
autre, qui eſt à part du nôtre, & qui
peut ſe trouver dans les femmes les
plus ſottes. C'eſt l'eſprit que la va-

nité de plaire nous donne, & qu'on
appelle, autrement dit, la Coqueterie.

Oh ! celui-là, pour être inſtruit,
n'attend pas le nombre des années ;
il eſt fin-dès qu'il eſt venu, dans les
choſes de ſon reſſort, il a toujours
la théorie de ce qu'il voit mettre en
pratique. C'eſt un enfant de l'Orgüeil qui naît tout élevé ; qui manque d'abord d'audace, mais qui
n'en penſe pas moins. Je crois qu'on
peut lui enſeigner des graces & de
l'aiſance ; mais il n'apprend que la
forme, & jamais le fond : Voilà mon
avis.

Et c'eſt avec cet eſprit-là, que
j'expliquois ſi bien les façons de ces
Femmes : c'eſt encore lui qui me faiſoit entendre les Hommes ; car avec
une extrême envie d'être de leur
goût, on a la clef de tout ce qu'ils
font pour être du nôtre, & il n'y
aura jamais d'autre mérite à tout
cela, que d'être vaine & coquete,
& je pouvois me paſſer de cette

petite parenthefe-là pour vous le prouver, car vous le fçavez auffi-bien que moi; mais je me fuis avi-fée trop tard de penfer que vous le fçavez. Je ne vois mes fautes que lorfque je les ai faites, c'eft le moyen de les voir fûrement; mais non pas à votre profit, & au mien : N'eft-il pas vrai? Retournons à l'Eglife.

La place que j'avois prife, me mettoit au milieu du monde dont je vous parle. Quelle fête! C'étoit la premiere fois que j'allois joüir un peu du mérite de ma petite figure. J'étois toute émûë du plaifir de penfer à ce qui alloit en arriver, j'en perdois prefque haleine; car j'étois fûre du fuccès, & ma vanité voyoit venir d'avance les regards qu'on alloit jetter fur moi.

Ils ne fe firent pas long-tems atten-dre. A peine étois-je placée, que je fixai les yeux de tous les hom-mes. Je m'emparai de toute leur attention; mais ce n'étoit encore là que la moitié de mes honneurs,

& les femmes me firent le reſte.

Elles s'apperçurent qu'il n'étoit plus queſtion d'elles, qu'on ne les regardoit plus, que je ne leur laiſſois pas un curieux, & que la déſertion étoit generale.

On ne ſçauroit s'imaginer ce que c'eſt que cette avanture-là pour des femmes, ni combien leur amour propre en eſt déconcerté; car il n'y a pas moyen qu'il s'y trompe, ni qu'il chicanne ſur l'évidence d'un pareil affront; ce ſont de ces cas deſeſperés qui le pouſſent à bout, & qui réſiſtent à toutes ſes tournures.

Avant que j'arrivaſſe, en un mot, ces femmes faiſoient quelque figure; elles vouloient plaire, & ne perdoient pas leur peine. Enfin chacune d'elles avoit ſes partiſans; du moins la fortune étoit-elle aſſez égale, & encore la Vanité vit-elle quand les choſes ſe paſſent ainſi; mais j'arrive, on me voit, & tous ces viſages ne ſont plus rien, il n'en reste pas la mémoire d'un seul.

Eh ! d'où leur vient cette Cataftrophe ? de la presence d'une petite
fille qu'on avoit à peine apper-
çûë , qu'on avoit pourtant vû se
placer , qu'on auroit même risqué
de trouver très-jolie , si on ne s'en
étoit pas défendu , enfin qui auroit
bien pû se passer de venir-là , &
que dans le fond on avoit un peu
craint , mais le plus imperceptible-
ment qu'on l'avoit pû.

C'est encore leurs pensées que
j'explique , & je soûtiens que je
les rends comme elles étoient. J'en
eus pour garant, certain coup d'œil
que je leur avois vû jetter sur moi
quand je m'avançai, & je compris
fort bien tout ce qu'il y avoit dans
ce coup d'œil-là ; on avoit voulu
le rendre distrait ; mais c'étoit d'u-
ne distraction faite exprès ; car il y
étoit resté, malgré qu'on en eût, un
air d'inquiétude & de dedain , qui
étoit un aveu bien franc de ce que
je valois.

Cela me parut comme une verité qui échappe, & qu'on veut corriger par un menfonge.

Quoiqu'il en foit, cette petite figure dont on avoit refufé de tenir compte, & devant qui toutes les autres n'étoient plus rien, il fallut en venir à voir ce que c'étoit pourtant, & retourner fur fes pas, pour l'examiner, puifqu'il plaifoit au caprice des hommes de la diftinguer, & d'en faire quelque chofe.

Voilà donc mes Coquetes qui me regardent à leur tour, & ma phyfionomie n'étoit pas faite pour les raffûrer; il n'y avoit rien de fi ingrat que l'efperance d'en pouvoir médire, & je n'avois, en verité, que des graces au fervice de leur colere. Oh ! vous m'avoüierez que ce n'étoit pas-là l'article de ma gloire le moins intereffant.

Vous me direz, que dans leur dépit, il étoit difficile qu'elles me trouvaffent auffi jolie que je l'étois; foit; mais je fuis perfuadée que le fond du cœur fut pour moi, fans compter que le dépit même donne de bons yeux.

Fiez-vous aux perfonnes jaloufes, du foin de vous connoître, vous ne perdrez rien avec elles ; la néceffité de bien voir eft attachée à leur miferable paffion, & elles vous trouvent toutes les qualités que vous avez, en vous cherchant tous les défauts que vous n'avez pas : Voilà ce qu'elles effuyent.

Mes Rivales ne me regarderent pas long-tems, leur examen fut court ; il n'étoit pas amufant pour elles ; & l'on finit vîte avec ce qui humilie.

A l'égard des hommes, ils me demeurerent conftamment attachés, & j'en eus une reconnoiffance qui ne refta pas oifive.

De tems en tems, pour les tenir en haleine, je les régalois d'une petite découverte fur mes charmes ; je leur en apprenois quelque

chofe de nouveau, fans me mettre
pourtant en grande dépenfe. Par
exemple , il y avoit dans cette
Eglife, des Tableaux qui étoient à
une certaine hauteur , eh bien j'y
portois ma vûë, fous prétexte de les
regarder, parce que cette induftrie-
là me faifoit le plus bel œil du
monde.

Enfuite c'étoit ma coëffe à qui
j'avois recours , elle alloit à mer-
veilles, mais je voulois bien qu'elle
allât mal,en faveur d'une main nuë
qui fe montroit en y retouchant,
& qui amenoit néceffairement avec
elle un bras rond,qu'on voyoit pour
le moins à demi, dans l'atitude où
je le ténois alors.

Les petites chofes que je vous
dis-là , au refte , ne font petites que
dans le récit; car à les rapporter ce
n'eft rien , mais demandez-en la
valeur aux hommes ; ce qui eft de
vrai , c'eft que fouvent dans de pa-
reilles occafions , avec la plus jolie phyfionomie du monde , vous

n'êtes encore qu'aimable , vous ne
faites que plaire ; ajoutez-y feulement une main de plus , comme je
viens de le dire , on ne vous refiste
plus , vous êtes charmante.

Combien ai-je vû de cœurs hé-
fitans de fe rendre à de beaux yeux,
& qui feroient reftés à moitié chemin, fans le fecours dont je parle?

Qu'une femme foit un peu laide,
il n'y a pas grand malheur , fi elle
a la main belle ; il y a une infinité
d'hommes plus touchés de cette
beauté-là , que d'un vifage aimable : Et la raifon de cela , vous la
dirai-je ? Je crois l'avoir fentie.

C'eft que ce n'eft point une nu-
dité qu'un vifage, quelque aimable
qu'il foit , nos yeux ne l'entendent
pas ainfi ; mais une belle main com-
mence à en devenir une , & pour
fixer de certaines gens , il eft bien
auffi fûr de les tenter que de leur
plaire. Le goût de ces gens-là ,
comme vous voyez , n'eft pas le
plus honnête ; c'eft pourtant en ge-

neral , le goût le mieux fervi de la part des femmes, celui à qui leur coqueterie fait le plus d'avance.

Mais m'écarterai-je toujours ! Je crois qu'oüi, je ne fçaurois m'en empêcher ; les idées me gagnent , je fuis femme , & je conte mon hiftoire : pefez ce que je vous dis-là , & vous verrez , qu'en verité , je n'ufe prefque pas des privileges que cela me donne.

Où en étois-je ? A ma coëffe que je raccommodois quelquefois dans l'intention que j'ai dite.

Parmi les jeunes gens dont j'at-tirois les regards , il y en eut un , que je diftinguai moi-même, & fur qui mes yeux tomboient plus vo-lontiers que fur les autres.

J'aimois à le voir , fans me dou-ter du plaifir que j'y trouvois ; j'é-tois coquete pour les autres , & je ne l'étois pas pour lui ; j'oubliois à lui plaire , & ne fongeois qu'à le regarder.

Apparemment que l'amour , la

premiere fois qu'on en prend , com-
mence avec cette bonne foi-là , &
peut être que la douceur d'aimer,
interrompt le soin d'être aimable.

Ce jeune homme , à son tour
m'éxaminoit d'une façon toute dif-
ferente de celle des autres ; elle
étoit plus modeste , & pourtant
plus attentive ; il y avoit quelque
chose de plus serieux qui se passoit
entre lui & moi ; les autres applau-
dissoient ouvertement à mes charmes, il me sembloit que celui-ci
les sentoit ; du moins je le soup-
çonnois quelquefois , mais si con-
fusément, que je n'aurois pû dire
ce que je pensois de lui , non plus
que ce que je pensois de moi.

Tout ce que je sçai, c'est que ses
regards m'embarassoient, que j'he-
sitois de les lui rendre , & que je
les lui rendois toûjours; que je ne
voulois pas qu'il me vit y répondre , & que je n'étois pas fachée
qu'il l'eût vû.

Enfin, on sortit de l'Eglise,& je me

souviens que j'en sortis lentement ; que je retardois mes pas ; que je regrettois la place que je quittois, & que je m'en allois avec un cœur à qui il manquoit quelque chose, & qui ne sçavoit pas ce que c'étoit. Je dis qu'il ne le sçavoit pas, c'est peut-être trop dire, car en m'en allant, je retournois souvent la tête pour revoir encore le jeune homme que je laissois derriere moi ; mais je ne croyois pas me retourner pour lui.

De son côté, il parloit à des per-sonnes qui l'arrêtoient, & mes yeux rencontroient toûjours les siens.

La foule à la fin m'enveloppa ; & m'entraîna avec elle ; je me trou-vai dans la ruë, & je pris triste-ment le chemin de la maison.

Je ne pensois plus à mon ajuste-ment en m'en retournant, je ne-gligeois ma figure, & ne me sou-ciois plus de la faire valoir.

J'étois si rêveuse, que je n'enten-dis pas le bruit d'un carrosse qui venoit derriere moi, qui alloit me renverser

renverſer, & dont le Cocher s'en-
roüioit à me crier, *garre*.

Son dernier cri me tira de ma rê-
verie, mais le danger où je me vis,
m'étourdit ſi fort, que je tombai
en voulant fuir, & me bleſſai le pied
en tombant,

Les chevaux n'avoient plus qu'un
pas à faire pour marcher ſur môi ;
cela allarma tout le monde ; on ſe
mit à crier, mais celui qui cria le
plus, fut le maître de cet Équipage,
qui en ſortit auſſitôt, & qui vint à
moi : j'étois encor à terre, d'où malgré mes efforts, je n'avois pû me
relever.

On me releva pourtant, ou plûtôt on m'enleva, car on vit bien
qu'il m'étoit impoſſible de me ſoû-
tenir. Mais jugez de mon étonnement, quand parmi ceux qui s'em-
preſſoient à me ſecourir, je recon-
nus le jeune homme que j'avois laiſſé
à l'Egliſe. C'étoit à lui à qui appar-
tenoit le carroſſe, ſa maiſon n'étoit
qu'à deux pas plus loin, & ce fut

II. Partie.　　　　　　B

où il voulut qu'on me tranſportât.

Je ne vous dis point avec quel air
d'inquiétude il s'y prit, ni combien il
parut touché de mon accident. A
travers le chagrin qu'il en marqua, je
démêlai pourtant que le ſort ne l'a-
voit pas tant deſobligé en m'arrê-
tant. Prenez bien garde à Mademoiſelle, diſoit-il, à ceux qui me te-
noient; portez-la doucement; ne
vous preſſez point : car dans ce moment ce ne fut point à moi à qui il
parla. Il me ſembla qu'il s'en abſte-
noit à cauſe de mon état & des circonſtances, & qu'il ne ſe permet-
toit d'être tendre que dans ſes ſoins.

De mon côté, je parlai aux autres, & ne lui dis rien non plus; je
n'oſois même le regarder, ce qui
faiſoit que j'en mourois d'envie;
auſſi le regardai-je, toûjours en n'o-
ſant, & je ne ſçai ce que mes yeux
lui dirent; mais les ſiens me firent
une réponſe ſi tendre qu'il falloit
que les miens l'euſſent méritée. Cela
me fit rougir, & me remua le cœur

à un point, qu'à peine m'apperçus-je de ce que je devenois.

Je n'ai de ma vie été si agitée. Je ne sçaurois vous définir ce que je sentois.

C'étoit un mélange de trouble, de plaisir, & de peur ; oüi de peur, car une jeune fille qui en est là-dessus à son apprentissage, ne sçait point où tout cela la méne : ce sont des mouvemens inconnus qui l'enveloppent, qui disposent d'elle, qu'elle ne possede point, qui la possedent ; & la nouveauté de cet état l'allarme. Il est vrai qu'elle y trouve du plaisir ; mais c'est un plaisir fait comme un danger, sa pudeur même en est effrayée ; il y a là quelque chose qui la menace, qui l'étourdit, & qui prend déja sur elle.

On se demanderoit volontiers dans ces instans-là : que vais-je devenir ? Car en verité l'Amour ne nous trompe point ; dès qu'il se montre, il nous dit ce qu'il est, & de quoi il sera question ; l'ame avec lui, sent la preſence d'un maître qui la flate, mais avec une autorité déclarée qui ne la conſulte pas, & qui lui laiſſe hardiment les ſoupçons de ſon eſclavage futur.

Voilà ce qui m'a ſemblé de l'état où j'étois, & je penſe auſſi que c'eſt l'hiſtoire de toutes les jeunes perſonnes de mon âge, en pareil cas.

Enfin on me porta chez Valville, c'étoit le nom du jeune-homme en queſtion, qui fit ouvrir une Salle, où l'on me mit ſur un lit de repos.

J'avois beſoin de ſecours, je ſentois beaucoup de douleur à mon pied, & Valville envoya ſur le champ chercher un Chirurgien, qui ne tarda pas à venir.

Je paſſe quelques petites excuſes que je lui fis dans l'intervalle, ſur l'embaras que je lui cauſois ; excuſes communes que tout le monde ſçait faire, & auſquelles il répondit à la maniere ordinaire.

Ce qu'il y eut pourtant de parti-

culier entre nous deux, c'eſt que je
lui parlai de l'air d'une perſonnequi
ſent qu'il y a bien autre choſe ſur le
tapis, que des excuſes, & qu'il me
répondit d'un ton qui me préparoit
à voir entamer la matiere.

Nos regards même l'entamoient
déja ; il n'en jettoit pas un ſur moi
qui ne ſignifiât, *je vous aime* ; & moi
je ne ſçavois que faire des miens,
parce qu'ils lui en auroient dit autant.

Nous en étions, lui & moi, à ce
muet entretien de nos cœurs, quand
nous vîmes entrer le Chirurgien,
qui ſur le recit que lui fit Valville
de mon accident, débuta par dire
qu'il falloit voir mon pied.

A cette propoſition, je rougis
d'abord par un ſentiment de pudeur,
& puis en rougiſſant pourtant, je
ſongeai que j'avois le plus joli petit
pied du monde ; que Valville alloit
le voir ; que ce ne ſeroit point ma
faute, puiſque la neceſſité vouloit
que je le montraſſe devant lui ; ce

qui étoit une bonne fortune pour
moi; bonne fortune honnête & faite
à fouhait, car on croyoit qu'elle me
faifoit de la peine; on tâchoit de m'y
réfoudre, & j'allois en avoir le profit immodefte, en confervant tout
le mérite de la modeftie, puifqu'il
me venoit d'une avanture dont j'é-
tois innocente : c'étoit ma chute
qui avoit tort,

Combien dans le monde y a-t'il
d'honnêtes gens qui me reffemblent,
& qui, pour pouvoir garder une chofe qu'ils aiment, ne fondent pas
mieux leur droit d'en joüir, que je
faifois le mien dans cette occafion-là.

On croit fouvent avoir la conf-
cience délicate, non pas à caufe des
facrifices qu'on lui fait, mais à caufe
de la peine qu'on prend avec elle
pour s'exempter de lui en faire.

Ce que je dis là, peint furtout
beaucoup de dévôrs, qui voudroient
bien gagner le Ciel, fans rien perdre à la Terre, & qui croyent avoir
de la pieté, moyennant les cérémo-

nies pieuses qu'ils font toûjours avec
eux-mêmes, & dont ils bercent leur
conscience. Mais n'admirez-vous
pas, au reste, cette morale que mon
pied améne ?

Je fis quelque difficulté de le
montrer, & je ne voulois ôter que
le soulier ; mais ce n'étoit pas assez :
Il faut absolument que je voye le
mal, disoit le Chirurgien qui y alloit tout uniment ; je ne sçaurois
rien dire sans cela ; & là-dessus une
femme de charge que Valville avoit
chez lui, fut sur le champ appellée
pour me déchausser ; ce qu'elle fit
pendant que Valville & le Chirurgien se retirerent un peu à quar-
ier.

Quand mon pied fut en état, voilà le Chirurgien qui l'examine &
qui le tâte. Le bon homme, pour
mieux juger du mal, se baissoit beaucoup, parce qu'il étoit vieux, &
Valville, en conformité de geste, prenoit insensiblement la même atitude, & se baissoit beaucoup aussi,

parce qu'il étoit jeune, car il ne connoiſſoit rien à mon mal, mais il ſe
connoiſſoit à mon pied, & m'en pa-
roiſſoit auſſi content que je l'avois
eſperé.

Pour moi, je ne diſois mot, &
ne donnois aucun ſigne des obſer-
vations clandeſtines que je faiſois
ſur lui; il n'auroit pas été modeſte
de paroître ſoupçonner l'attrait qui
l'attiroit; & d'ailleurs, j'aurois tout
gâté, ſi je lui avois laiſſé apperce-
voir que je comprenois ſes petites
façons; cela m'auroit obligé moi-
même d'en faire davantage, & peut-
être auroit-il rougi des ſiennes : car
le cœur eſt bizarre, il y a des momens où il eſt confus & choqué d'ê-
tre pris ſur le fait quand il ſe cache,
cela l'humilie : & ce que je dis là,
je le ſentois par inſtinct.

J'agiſſois donc en conſequence,
de ſorte qu'on pouvoit bien croire
que la préſence de Valville m'em-
barraſſoit un peu, mais ſimplement
à cauſe qu'il me voyoit, & non pas

à

à caufe qu'il aimoit à me voir.

Dans quel endroit fentez-vous du mal? me difoit le Chirurgien, en me tâtant. Eft-ce-là? Oüi, lui répondis-je, en cet endroit-même. Auffi eft-il un peu enflé, ajoûtoit Valville, en y mettant le doigt d'un air de bonne foi. Allons, ce n'eft rien que cela, dit le Chirurgien, il n'y a qu'à ne pas marcher aujourd'hui; un linge trempé dans de l'eau-devie, & un peu de repos vous guériront. Auffi-tôt le linge fut apporté avec le refte, la compreffe fut mife, on me chauffa, le Chirurgien fortit, & je reftai feule avec Valville, à l'exception de quelques domeftiques, qui alloient & venoient.

Je me doutai bien que je ferois là quelque tems, & qu'il voudroit me retenir à dîner; mais je ne devois pas paroître m'en douter.

Après toutes les obligations que je vous ai, lui dis-je, oferois-je encore vous prier, Monfieur, de m'envoyer chercher une Chaife, ou

II. Partie. C

quelqu'autre Voiture qui me mene chez moi ? Non, Mademoiselle, me répondit-il, vous n'irez-pas si-tôt chez vous, on ne vous y recon-duira que dans quelques heures ; votre chute eſt toute recente, on vous a recommandé de vous tenir en repos, & vous dînerez ici. Tout ce qu'il faut faire, c'eſt d'envoyer dire où vous êtes, afin qu'on ne ſoit point en peine de vous.

Et il le falloit effectivement ; car mon abſence alloit allarmer Ma-dame Dutour ; & d'ailleurs, qu'eſt-ce que Valville auroit penſé de moi, ſi j'avois été ma maîtreſſe au point de n'avoir à rendre compte à perſonne de ce que j'étois deve-nuë ? Tant d'indépendance n'auroit pas eu bonne grace ; il n'étoit pas convenable d'être hors de toute tu-telle à mon âge, ſur-tout avec la figure que j'avois ; car il n'y a pas trop loin d'être ſi aimable à n'être plus digne d'être aimée. Voilà l'in-convenient qu'il y a d'avoir un joli vifage ; c'eft qu'il nous donne l'air d'avoir tort quand nous fommes un peu foupçonnées , & qu'en mille occafions il conclut contre nous.

Il conclura pourtant ce qu'il voudra , cela ne nous dégoûtera pas d'en avoir un ; en un mot, on plaît avec un joli vifage ; on infpire ou de l'amour ou des défirs. Eft-ce de l'amour ? Fût-on de l'humeur la plus auftere , il eft le bien venu. Le plaifir d'être aimée, trouve toujours fa place ou dans notre cœur ou dans notre vanité. Ne fait-t'on que nous defirer ? il n'y a encore rien de perdu. Il eft vrai que la vertu s'en fcandalife ; mais la vertueufe n'eft pas fâchée du fcandale.

Revenons. Vous êtes accoutumée à mes écarts.

Je vous difois donc que mon indépendance ne m'auroit pas été avantageufe , & Valville affurément ne m'envifageoit pas fous cette idée-là : fes égards ou plûtôt fes refpects en faifoient foi.

Il y a des attentions tendres &
même timides, de certains honneurs qui ne font dûs qu'à l'inno-
cence & qu'à la pudeur ; & Valville qui me les prodiguoit tous, auroit pû craindre de s'être mépris,
& d'avoir été la dupe de mes graces; je lui aurois du moins ôté la
douceur de m'eftimer en pleine fûreté de confiance, & quelle chute
n'étoit-ce pas faire-là, dans fon efprit ?

Le croiriez-vous pourtant ? malgré tout ce que je rifquois là-deffus, en ne donnant de mes nouvelles à perfonne, j'héfitai fur le parti
que je prendrois : Et fçavez-vous
pourquoi ? C'eft que je n'avois que
l'adreffe d'une Lingere à donner.
Je ne pouvois envoyer que chez
Madame Dutour, & Madame Dutour choquoit mon amour propre,
je rougiffois d'elle & de fa boutique.

Je trouvois que cette boutique fi-
guroit fi mal avec une avanture

comme la mienne ; que c'étoit
quelque chose de si décourageant
pour un homme de condition comme Valville que je voyois entouré
de valets, quelque chose de si mal
assorti aux graces qu'il mettoit dans
ses façons. J'avois moi-même l'air
si mignon , si distingué , il y avoit
si loin de ma physionomie à mon
petit état ; comment avoir le courage de dire : allez vous-en à telle
enseigne chez Madame Dutour, où
je loge. Ah ! l'humiliant discours !

Passe pour n'être pas née de parens riches , pour n'avoir que de
la naissance sans fortune ; l'orgüeil
tout nud qu'il est par-là , se sauve
encore ; cela ne lui ôte que son
faste & ses commodités, & non pas
le droit qu'il a aux honneurs de ce
monde ; mais un si grand étalage
de politesse & d'égards , n'étoit
pas dû à une petite fille de boutique ; elle étoit bien hardie de l'avoir
souffert, de n'y avoir pas mis ordre
par sa confusion.

Et c'étoit-là le retour de reflexion que je craignois dans Valville. Quoi ! ce n'eſt que cela ? me ſembloit-t'il lui entendre dire à lui-même ; & l'ironie de ce petit ſoliloque-là me révoltoit tant de ſa part , que tout bien peſé , j'aimois mieux lui paroître équivoque, que ridicule ; & le laiſſer douter de mes mœurs , que de le faire rire de tous ſes reſpects. Ainſi je conclus que je n'enverrois chez perſonne , & que je dirois que cela n'étoit pas néceſſaire.

C'étoit bien mal conclure , j'en conviens , & je le ſentois ; mais ne ſçavez-vous pas que notre ame eſt encore plus ſuperbe que vertueuſe , plus glorieuſe qu'honnête , & par conſéquent plus délicate ſur les interêts de ſa vanité , que ſur ceux de ſon veritable honneur.

Attendez pourtant, ne vous allarmez pas. Ce parti que j'avois pris , je ne le ſuivis point ; car dans l'agitation qu'il me cauſoit à moi-même, il me vint subitement une autre pensée.

Je trouvai un expedient, dont ma miserable vanité fut contente, parce qu'il ne prenoit rien sur elle, & qu'il n'affligeoit que mon cœur ; mais qu'importe que notre cœur souffre, pourvû que notre vanité soit servie ? Ne se passe-t-on pas de tout, & de repos & de plaisirs, & d'honneur même, & quelquefois de la vie, pour avoir la paix avec elle ?

Or cet expedient dont je vous parle, ce fut de vouloir absolument m'en retourner.

Quoi ! quitter sitôt Valville ? me direz-vous. Oüi, j'eus le courage de m'y résoudre, de m'arracher à une situation que je voyois remplie de mille instans délicieux, si je la prolongeois.

Valville m'aimoit, il ne me l'avoit pas encore dit, & il auroit eu le tems de me le dire. Je l'aimois, il l'ignoroit, du moins je le croyois, & je n'aurois pas manqué de le lui apprendre. C iiij

Il auroit donc eu le plaiſir de
me voir ſenſible , moi celui de
montrer que je l'étois , & tous deux
celui de l'être enſemble.

Que de douceurs contenuës dans
ce que je vous dis-là , Madame!
L'amour peut en avoir de plus fol-
les , peut-être n'en a-t'il point de
plus touchantes , ni qui aillent ſi
droit & ſi nettement au cœur , ni
dont ce cœur joüiſſe avec moins de
diſtraction , avec tant de connoiſſance & de lumieres , ni qu'il partage
moins avec le trouble des ſens;
il les voit , il les compte , il en dé-
mêle diſtinctement tout le charme,
& cependant je les ſacrifiois.

Au reſte , tout ce qui me vint
alors dans l'eſprit là-deſſus , quoi-
que long à dire , n'eſt qu'un inſtant
à être penſé.

Ne vous inquiétez point, Mademoiſelle , me dit Valville , donnez
votre adreſſe , on partira ſur le
champ.

Et c'étoit en me prenant la main

qu'il me parloit ainfi, d'un air tendre & preſſant.

Je ne comprens pas comment
j'y réſiſtai. Faites-y attention,
ajouta-t'il en inſiſtant. Vous n'ê-
tes point en état de vous en aller
ſitôt ; il eſt tard : dînez ici, vous
partiréz enſuite. Pourquoi héſi-
ter, vous n'avez rien à vous reprocher en reſtant, on ne ſçauroit y
trouver à redire, votre accident
vous y force : Allons, qu'on nous
ſerve.

Non, Monſieur, lui dis-je, per-
mettez que je me retire ; on ne
peut être plus ſenſible à vos hon-
nêtetés que je le ſuis ; mais je ne
veux pas en abuſer ; je ne demeure
pas loin d'ici ; je me ſens beaucoup
mieux, & je vous demande en grace
que je m'en aille.

Mais, me dit Valville, quel eſt
le motif de votre répugnance là-
deſſus, dans une conjonⳍure auſſi
naturelle, auſſi innocente que l'eſt
celle-ci ? De répugnance, je vous

affure que je n'en ai point, répondis-je, & j'aurois grand tort ; mais
il fera plus féant d'être chez moi,
puifque je puis m'y rendre avec une
voiture. Quoi ! partir fitôt, me dit-
il, en jettant fur moi le plus doux
de tous les regards? Il le faut bien,
repris-je, en baiffant les yeux d'un
air trifte (ce qui valoit bien le regarder moi-même) & comme les
cœurs s'entendent, apparemment
qu'il fentit ce qui fe paffoit dans le
mien ; car il reprit ma main qu'il
baifa avec une naïveté de paffion
fi vive, & fi rapide, qu'en me difant mille fois, je vous aime, il me
l'auroit dit moins intelligiblement
qu'il ne fit alors.

Il n'y avoit plus moyen de s'y
méprendre : voilà qui étoit fini;
c'étoit un Amant que je voyois; il
fe montroit à vifage découvert, &
je ne pouvois, avec mes petites
diffimulations, parer l'évidence de
fon amour. Il ne reftoit plus qu'à
fçavoir ce que j'en penfois, & je

crois qu'il dût être content de moi;
je demeurai étourdie, muette &
confuse: ce qui étoit figne que j'é-
tois charmée; car avec un homme
qui nous eft indifferent, ou qui nous
déplaît, on en eft quitte à meilleur
marché, il ne nous met pas dans ce
defordre-là : on voit mieux ce qu'on
fait avec lui ; & c'eft ordinairement
parce qu'on aime, qu'on eft troublée en pareil cas.

Je l'étois tant , que la main me
trembloit dans celle de Valville,
que je ne faifois aucun effort pour
la retirer , & que je la lui laiffois
par je ne fçai quel attrait, qui me
donnoit une inaction tendre & ti-
mide. A la fin pourtant , je pronon-
çai quelques mots qui ne mettoient
ordre à rien ; de ces mots qui di-
minuent la confufion qu'on a de fe
taire, qui tiennent la place de quelque chofe qu'on ne dit pas , &
qu'on devroit dire. Eh bien! Monfieur: Eh bien ! qu'eft-ce que cela
fignifie? Voilà tout ce que je pûs

tirer de moi, encore y mêlai-je un
foupir, qui en ôtoit le peu de force
que j'y avois peut-être mis.

Je me retrouvai pourtant ; la pré-
fence d'efprit me revint, & la va-
peur de ces mouvemens qui me te-
noient comme enchantée, fe diffi-
pa. Je fentis qu'il n'étoit pas décent
de mettre tant de foibleffe dans
cette fituation-là, ni d'avoir l'ame
fi entreprife, & je tâchai de corriger cela par une action de courage.

Vous n'y fongez pas ! Finiffez
donc, Monfieur, dis-je à Valville,
en retirant ma main avec affez de
force, & d'un ton qui marquoit
encore, que je revenois de loin,
fuppofé qu'il fût lui-même en état
d'y voir fi clair ; car il avoit eu des
mouvemens auffi-bien que moi.
Mais je crois qu'il vit tout, il n'é-
toit pas fi neuf en amour que je
l'étois ; & dans ces momens-là, jamais la tête ne tourne à ceux qui
ont un peu d'experience pardevers

eux ; vous les remuez, mais vous ne les étourdiffez point , ils confervent toujours le jugement : il n'y a que les novices qui le perdent. Et puis dans quel danger n'eft-on pas , quand on tombe en de certaines mains ; quand on n'a pour tout guide qu'un Amant qui vous aime trop mal pour vous mener bien?

Pour moi , je ne courois alors aucun rifque avec Valville : J'avoüe que je fus troublée ; mais à un dégré qui étonna ma raifon, & qui ne me l'ôta pas ; & cela dura fi peu, qu'on auroit pû en abufer, du moins je me l'imagine ; car au fonds, tous ces étonnemens de raifon ne valent rien non plus , on n'y eft point en fûreté ; il s'y paffe toujours un intervalle de tems où l'on a befoin d'être traitée doucement ; le refpeɛt de celui avec qui vous êtes , vous fait grand bien.

Quant à Valville, je n'eûs rien à lui reprocher là-deffus ; auffi lui avois-je infpiré des fentimens. Il

n'étoit pas amoureux, il étoit tendre; façon d'être épris, qui au commencement d'une paſſion rend le
cœur honnête, qui lui donne des
mœurs, & l'attache au plaiſir déli-
cat d'aimer & de reſpecter timide-
ment ce qu'il aime.

Voilà de quoi d'abord s'occupe
un cœur tendre; à parer l'objet de
ſon amour de toute la dignité ima-
ginable, & il n'eſt pas dupe. Il y a
plus de charmes à cela qu'on ne
penſe, il y perdroit à ne s'y pas tenir, & vous, Madame, vous y ga-
gneriez ſi je n'étois pas ſi babil-
larde.

Finiſſez donc, me diriez-vous
volontiers; & c'eſt ce que je diſois
à Valville avec un ſérieux encore al-
teré d'émotion. En verité, Monſieur, vous me ſurprenez, ajoutai-je;
vous voyez bien vous-même que j'ai
raiſon de vouloir m'en aller, & qu'il
faut que je parte.

Oüi, Mademoiſelle, vous allez
partir, me répondit-il triſtement,

& je vais donner mes ordres pour cela, puifque vous ne pouvez vous fouffrir ici, & qu'apparamment je vous y déplais moi-même, à caufe du mouvement qui vient de m'é-chaper ; car il eft vrai que je vous aime, & que j'employerois à vous le dire tous les momens que nous pafferions enfemble, & tout le tems de ma vie, fi je ne vous quittois pas.

Et quand ce difcours qu'il me tenoit, auroit duré tout le tems de la mienne, il me femble qu'il ne m'auroit pas ennuyé non plus, tant la joye dont il me pénétroit étoit douce, flateufe, & pourtant em-barraffante ; car je fentois qu'elle me gagnoit. Je ne voulois pas que Valville la vît, & je ne fçavois quel air prendre pour la mettre à couvert de fes yeux.

D'ailleurs, ce qu'il m'avoit dit, demandoit une réponfe, ce n'étoit pas à ma joye à la faire, & je n'a-vois que ma joye dans l'efprit ; de-

sorte que je me taisois les yeux bais-
sés.

Vous ne répondez rien, me dit
Valville ; partirez-vous sans me dire
un mot ? Mon action m'a-t'elle ren-
du si desagreable ? vous a-t'elle of-
fensée sans retour ?

Et remarquez que pendant ce discours, il avançoit sa main pour ra-
voir la mienne que je lui laissois
prendre, & qu'il baisoit encore en
me demandant pardon de l'avoir
baisée ; & ce qui est de plaisant,
c'est que je trouvois la réparation
fort bonne, & que je la recevois de
la meilleure foi du monde, sans m'a-
percevoir qu'elle n'étoit qu'une ré-
pétition de la faute ; je crois même
que nous ne nous en apperçûmes ni
l'un ni l'autre ; & entre deux personnes qui s'aiment, ce sont là de
ces simplicités de sentiment que
peut être l'esprit remarqueroit bien
un peu s'il vouloit, mais qu'il laisse
bonnement passer au profit du cœur.

Ne me direz-vous rien ? me disoit

foit donc Valville. Aurai-je le chagrin de croire que vous me haïffez ?

Un petit foupir naïf préceda ma réponfe, ou plûtôt la commença : Non, Monfieur, je ne vous hais pas, lui dis-je, vous ne m'avez pas donné lieu de vous haïr, il s'en faut bien. Eh que penfez-vous donc de moi ? reprit-il avec feu ; je vous ai dit que je vous aime, comment regardez-vous mon amour ? Etesvous fâchée que je vous en parle ?

Que voulez-vous que je réponde à cette queftion ? lui dis-je ; je ne fçai pas ce que c'eft que l'amour, Monfieur ; je penfe feulement que vous êtes un fort honnête homme, que je vous ai beaucoup d'obligation, & que je n'oublierai jamais ce que vous avez fait pour moi dans cette occafion-ci.

Vous ne l'oublierez jamais ? s'écria-t-il. Eh comment fçaurai-je que vous voudrez bien vous reffouvenir de moi, fi j'ai le malheur de ne vous plus voir, Mademoifelle ?

Ne m'expofez point à vous perdre pour toûjours ; &, s'il eft vrai que vous n'ayiez point d'averfion pour moi, ne m'ôtez pas les moyens de vous parler quelquefois, & d'ef-fayer fi ma tendreffe ne pourra vous toucher un jour. Je ne vous ai vûë aujourd'hui que par un coup de hazard, où vous retrouverai-je, fi vous me laiffez ignorer qui vous êtes? Je vous chercherois inutile-ment. J'en conviens, lui dis-je, avec une franchife qui alla plus vîte que ma penfée, & qui fem-bloit nous plaindre tous deux. Hé bien, Mademoifelle, ajoûta-t-il, en approchant encore fa bouche de ma main (car nous ne prenions plus garde à cette minutie-là, elle nous étoit devenuë familiére ; & voilà comme tout paffe en amour.) Hé bien, nommez-moi de grace, les perfonnes à qui vous appartenez ; inftruifez-moi de ce qu'il faut faire pour être connu d'elles ; donnez-moi cette confolation avant que de partir.

A peine achevoit-il de parler, qu'un Laquais entra : Qu'on mette les chevaux au caroſſe, pour reconduire Mademoiſelle, lui dit Valville, en ſe retournant de ſon côté.

Cet ordre que je n'avois point prévû, me fit fremir ; il rompoit toutes mes meſures, & rejettoit ma vanité dans toutes ſes angoiſſes.

Ce n'étoit point le Caroſſe de Valville qu'il me falloit. La petite Lingere n'échappoit point par là, à l'affront d'être connuë. J'avois compris qu'on m'enverroit chercher un voiture ; je comptois m'y mettre toute ſeule ; en être quitte pour dire : menez-moi dans telle ruë ; &, à l'abri de toute confuſion, regagner ainſi cette fâcheuſe Boutique qui m'avoit coûté tant de peines d'eſprit, & dont je ne pouvois plus faire un ſecret, ſi je m'en retournois dans l'Equipage de Valville, car il n'auroit pas oublié de

demander à ſes gens : où l'avez-
vous menée ? Et ils n'auroient pas
manqué de lui dire : à une Boutique.

Encore n'euſſe été là que demi-
mal, puiſque je n'aurois pas été
préſente au rapport, & que je n'en
aurois rougi que de loin. Mais,
vous allez voir que la politeſſe de
Valville me deſtinoit à une honte
bien plus complette.

J'imagine une choſe, Mademoiſelle, me dit-il tout de ſuite, quand
le Laquais fut ſorti : c'eſt de vous
reconduire moi-même, avec la
femme que vous avez vû paroître.
Qu'en dites-vous, Mademoiſelle?
Il me ſemble que c'eſt une attention néceſſaire de ma part, après
ce qui vous eſt arrivé ; je crois même qu'il y auroit de l'impoliteſſe à
m'en diſpenſer : C'eſt une réflexion
que je fais, & qui me vient fort à
propos. Et moi, je la trouvois
tuante.

Ah, Monſieur! m'écriai-je, que

me propofez-vous là ? Moi, m'en retourner dans votre Caroffe au logis, & y arriver avec vous! avec un homme de votre âge ! Non, Monfieur, je n'aurai pas cette imprudence-là, le Ciel m'en préferve. Vous ne fongez pas à ce qu'on en diroit ; tout eft plein de médifans, & fi on ne va pas me chercher une voiture, j'aime encore mieux m'en aller à pied chez moi, & m'y traîner comme je pourrai, que d'accepter vos offres.

Ce difcours ne fouffroit point de replique ; auffi m'en parut-il outré.

Allons, Mademoifelle, s'écriat-il à fon tour, avec douleur, en fe levant d'auprès de moi : Je vous entends. Vous ne voulez plus que je vous revoye, ni que je fçache où vous reprendre ; car, de m'aleguer la crainte que vous avez, ditesvous, de ce qu'on pourroit dire, il n'y a pas d'apparence qu'elle foit le motif de vos refus. Vous vous blef-

fez en tombant ; vous êtes à ma
porte, je m'y trouve, vous avez
befoin de fecours, mille gens font
témoins de votre accident, vous
ne fçauriez vous foûtenir, je vous
fais porter chez moi; de-là, je vous
raméne chez vous; il n'y a rien de
fi fimple, vous le fentez bien; mais
rien en même tems qui me mît
plus naturellement à portée d'être
connu de vos parens, & je vois
bien que c'eft à quoi vous ne voulez pas que je parvienne. Vous
avez vos raifons, fans doute, où je
vous déplais, ou vous êtes préve-
nuë.

Et là-deffus fans me donner le
tems de lui répondre, outré du filence morne que j'avois gardé juf-
ques-là, & dans l'amertume de fon
chagrin, ayant l'air content d'être
privé de ce qu'il étoit au defefpoir
de perdre; il part, s'avance vers la
porte de la Salle, & appelle impé-
tueufement un laquais, qui accourt:
Qu'on aille chercher une chaife,

lui dit-il, & fi on n'en trouve pas,
qu'on améne un caroffe ; Mademoifelle ne veut pas du mien.

Et puis revenant à moi : Soyez en
repos, ajoûta-t'il, vous allez avoir
ce que vous fouhaitez, Mademoifelle ; il n'y a plus rien à craindre,
& vous & vos parens me ferez éternellement inconnus, à moins que
vous ne me difiez votre nom, & je
ne penfe pas que vous en ayiez envie.

A cela, nulle réponfe encore de
ma part ; je n'étois plus en état de
parler. En revanche, devinez ce que
je faifois, Madame? Excedée de
peines, de foupirs, de réflexions,
je pleurois la tête baiffée. Vous
pleuriez? Oüi, j'avois les yeux remplis de larmes. Vous en êtes furprife, mais mettez-vous bien au fait
de ma fituation, & vous verrez dans
quel épuifement de courage je devois tomber.

Que n'avois-je pas fouffert depuis une demie-heure ! Comptons

Part. II.　　　E

mes détreſſes. Une vanité inéxora-
ble qui ne vouloit point de Madame
Dutour, ni par conſéquent que je
fuſſe Lingere ; une pudeur gémiſ-
ſante de la figure d'Avanturiere que
j'allois faire, ſi je ne m'en tenois pas
à être fille de boutique ; un amour
deſeſperé à quoi que je me détermi-
naſſe là-deſſus : car une fille de mon
état, me diſois-je, ne pouvoit pas
conſerver la tendreſſe de Valville,
ni une fille ſuſpecte meriter qu'il
l'aimât.

A quoi donc me reſoudre ! à m'en
aller ſur le champ ? Autre affliction
pour mon cœur qui ſe trouvoit ſi
bien de l'entretien de Valville.

Et voyez que de differentes mor-
tifications il avoit fallu ſentir, peſer,
eſſayer ſur mon ame, pour en com-
parer les douleurs, & ſçavoir à laquelle je donnerois la triſte préfe-
rence ! Encore, à quoi m'avoit-il
ſervi d'opter de m'être enfin fixée à
la douleur de quitter Valville ?
M'en étoit-il moins difficile de lui

rester inconnuë, comme c'étoit
mon dessein? Non vrayement, car
il m'offroit son carosse, il vouloit
me reconduire; ensuite, il se re-
tranchoit à sçavoir mon nom qu'il
n'étoit pas naturel de lui cacher;
mais que je ne pouvois pas lui dire,
puisque je ne le sçavois pas moi-
même, à moins que je ne prisse celui de Marianne; & prendre ce
nom-là, c'étoit presque declarer
Madame Dutour & sa boutique,
ou faire soupçonner quelque chose d'approchant.

A quoi donc en étois-je reduite!
A quitter brusquement Valville
sans aucun menagement de politesse & de reconnoissance; à me
separer de lui comme d'un homme
avec qui je voulois rompre, lui
qui m'aimoit, lui que je regrettois,
lui qui m'apprenoit que j'avois un
cœur; car on ne le sent que du jour
où l'on aime, (& jugez combien
ce cœur est remué de la premiere
leçon d'amour qu'il reçoit!) Enfin,

lui que je sacrifiois à une vanité
haïssable que je condamnois inte-
rieurement moi-même, qui me pa-
roissoit ridicule, & qui, malgré tout
le tourment qu'elle me causoit, ne
me laissoit pas seulement la conso-
lation de me trouver à plaindre!

En verité, Madame, avec une
tête de quinze ou seize ans, avois-
je tort de succomber, de perdre
tout courage, & d'être abbatuë
jusqu'aux larmes?

Je pleurai donc, & il n'y avoit
peut-être pas de meilleur expedient
pour me tirer d'affaire, que de pleu-
rer, & de laisser tout là. Notre ame
sçait bien ce qu'elle fait, ou du
moins son instinct le sçait bien pour
elle.

Vous croyez que mon décou-
ragement est mal entendu, qu'il ne
peut tourner qu'à ma confusion,
& c'est le contraire : Il va remedier
à tout ; car premierement, il me
soulagea, il me mit à mon aise, il
affoiblit ma vanité, il me défit de

cet orgueilleux effroi que j'avois
d'être connuë de Valville. Voilà
déja bien du repos pour moi ; voici d'autres avantages.

C'eſt que cet abattement & ces
pleurs me donnerent aux yeux de
ce jeune homme, je ne ſçai quel
air de dignité romaneſque qui lui
en impoſa, qui corrigea d'avance
la mediocrité de mon état, qui diſ-
poſa Valville à l'aprendre ſans en
être ſcandaliſé ; car vous ſentez
bien que tout ceci ne ſçauroit demeurer ſans quelque petit éclair-
ciſſement : Mais n'en ſoyez point
en peine, & laiſſez faire aux pleurs
que je répands ; ils viennent d'an-
noblir Marianne dans l'imagina-
tion de ſon Amant ; ils font foi
d'une fierté de cœur, qui empêchera bien qu'il ne la dédaigne.

Et dans le fond, obſervons une
choſe. Etre jeune & belle, ignorer
ſa naiſſance , & ne l'ignorer que
par un coup de malheur, rougir &
ſoupirer en illuſtre infortunée de

l'humiliation où cela vous laiſſe ; ſi j'avois affaire à l'Amour, lui qui eſt tendre & galant, qui ſe plaît à honorer ce qu'il aime ; voilà, pour lui paroître charmante & reſpecta-ble, dans quelle ſituation & avec quel amas de circonſtances je vou-drois m'offrir à lui.

Il y a de certaines infortunes qui embelliſſent la beauté même, qui lui prêtent de la majeſté. Vous avez alors, avec vos graces, celles que votre Hiſtoire, faite comme un Roman, vous donne encore. Et ne vous embarraſſez pas d'ignorer ce que vous êtes née ; laiſſez travail-ler les chimeres de l'amour là-deſ-ſus, elles ſçauront bien vous faire un rang diſtingué, & tirer bon par-ti des tenebres qui cacheront votre naiſſance. Si une femme pouvoit être priſe pour une Divinité, ce ſe-roit en pareil cas que ſon Amant l'en croiroit une.

A la verité, il ne faut pas s'atten-dre que cela dure, ce ſont là de ces graces, & de ces dignités d'emprunt, qui s'en retournent avec les amoureuses folies qui vous en parent.

Et moi je retourne toujours aux reflexions, & je vous avertis que je ne me les reprocherai plus; vous voyez bien que je n'y gagne rien, & que je suis incorrigible : ainsi tâchons toutes deux de n'y plus prendre garde.

J'ai laissé Valville desesperé de ce que je voulois partir sans me faire connoître ; mais les pleurs qu'il me vit répandre le calmerent tout d'un coup ; je n'ai jamais rien vû ni de si doux, ni de si tendre que ce qui se peignit alors sur sa physionomie ; & en effet, mes pleurs ne concluoient rien de fâcheux pour lui, ils n'annonçoient ni haine, ni indifference, ils ne pouvoient signifier que de l'embarras.

Hé, quoi! Mademoiselle, vous pleurez? me dit-il, en venant se jetter à mes genoux avec un amour, où l'on démêloit déja je ne sçai quel transport d'esperance, vous pleurez ? Eh ! quel est donc le motif de vos larmes ? Vous ai-je dit quelque chose qui vous chagrine ? Parlez, je vous en conjure : D'où vient que je vous vois dans cet état-là ? ajouta-il, en me prenant une main qu'il accabloit de caresses, & que je ne retirois pas, mais que dans ma consternation je semblois lui abandonner avec décence, & comme à un homme dont le bon cœur, & non pas l'amour, obtenoit de moi cette nonchalance-là.

Répondez-moi ! s'écrioit-il. Avez-vous d'autres sujets de tristesse ! & pourriez-vous hesiter d'ouvrir votre cœur à qui vous a donné tout le sien, à qui vous jure qu'il sera toujours à vous, à qui vous aime plus que sa vie, à qui vous aime autant que vous meritez d'être aimée ! Est-ce qu'on peut voir vos larmes sans souhaiter de vous secourir ? & vous est-il permis de m'en pénétrer

fans vouloir rien faire de l'attendriſ-
ſement où elles me jettent? Parlez;
quel ſervice faut-il vous rendre? Je
compte que vous ne vous en irez
pas ſi-tôt.

Il faudroit donc envoyer chez
Madame Dutour, lui dis-je naïve-
ment alors, comme entraînée moi-
même par le torrent de ſa tendreſſe
& de la mienne.

Et la voilà enfin declarée cette
Madame Dutour ſi terrible, & ſa
boutique & ſon enſeigne (car tout
cela étoit compris dans ſon nom)
& la voilà declarée ſans que j'y hé-
ſitaſſe : Je ne m'apperçûs pas que
j'en parlois.

Chez Madame Dutour ! une
Marchande de linge ? hé, je la con-
nois, dit Valville ; c'eſt donc elle
qui aura ſoin d'aller chez vous a-
vertir où vous êtes ? Mais de la part
de qui lui dira-t-on qu'on vient ?

A cette queſtion, ma naïveté
m'abandonna, je me retrouvai glorieuſe & confuſe, & je retombai

dans tous mes embarras.

Et en effet, y avoit-il rien de si
piquant que ce qu'il m'arrivoit! Je
viens de nommer Madame Du-
tour, je crois par là avoir tout dit,
& que Valville est à peu près au
fait. Point du tout, il se trouve qu'il
faut recommencer, que je n'en suis
pas quitte, que je ne lui ai rien appris, & qu'au lieu de comprendre
que je n'envoye chez elle, que
parce que j'y demeure, il entend
seulement que mon dessein est de
la charger d'aller dire à mes parens
où je suis. C'est-à-dire, qu'il la prend
pour ma Commissionnaire; c'est là
toute la relation qu'il imagine entre
elle & moi.

Et! d'où vient cela? c'est que
j'ai si peu l'air d'une Marianne;
c'est que mes graces & ma physionomie le préoccupent tant en ma
faveur; c'est qu'il est si éloigné de
penser que je puisse appartenir, de
près ou de loin, à une Madame Du-

tour, qu'apparemment il ne sçaura
que je loge chez elle, & que je suis
sa fille de boutique, que quand je
le lui aurai dit, & peut-être repeté
dans les termes les plus simples, les
plus naturels, & les plus clairs.

Oh! voyez combien il sera sur-
pris, & si moi qui prévois sa surprise,
je ne dois pas fremir plus que jamais de la lui donner!

Je ne répondois donc rien, mais
il se mêloit à mon silence un air de
confusion si marqué, qu'à la fin
Valville entrevit ce que je n'avois
pas le courage de lui dire.

Quoi! Mademoiselle, est-ce que
vous logez chez Madame Dutour?
Oüi, Monsieur, lui répondis - je
d'un ton vraiement humilié; je ne
suis pourtant pas faite pour être
chez elle, mais les plus grands
malheurs du monde m'y reduisent.
Voilà donc ce que signifioient vos
pleurs, me répondit-il, en me ser-
rant la main, avec un attendrisse-
ment qui avoit quelque chose de si

honnête pour moi , de si respec
tueux , que c'étoit comme une réparation des injures que me faisoit
le sort : voyez si mes pleurs m'a-
voient bien servie.

L'article sur lequel nous en é-
tions, alloit sans doute donner matiere à une longue conversation
entre nous , quand on ouvrit avec
grand bruit la porte de la salle, &
que nous vîmes entrer une Dame
menée, devinez par qui? par Monsieur de Climal , qui pour premier
objet , apperçut Marianne en face,
à demi couchée sur un lit de repos,
les yeux moüillés de larmes , & tête à tête avec un jeune homme, dont
la posture tendre & soumise menoit à croire , que son entretien
rouloit sur l'amour, & qu'il me disoit, je vous adore ; car vous sça-
vez, qu'il étoit à mes genoux , &
qui plus est, c'est que dans ce moment il avoit la tête baissée sur une
de mes mains , ce qui concluoit
aussi qu'il la baisoit. N'estoit-ce pas

là un tableau bien amusant pour Monsieur de Climal?

Je voudrois pouvoir vous exprimer ce qu'il devint. Vous dire qu'il rougit, qu'il perdit toute contenance, ce n'est vous rendre que les gros traits de l'état où je le vis.

Figurez-vous un homme, dont les yeux regardoient tout sans rien voir, dont les bras se remuoient toujours sans avoir de geste, qui ne sçavoit quelle atitude donner à son corps qu'il avoit de trop, ni que faire de son visage, qu'il ne sçavoit sous quel air presenter, pour empêcher qu'on n'y vît son désordre qui alloit s'y peindre.

Monsieur de Climal étoit amoureux de moi ; comprenez donc combien il fut jaloux : Amoureux & jaloux ! voilà déja de quoi être bien agité, & puis Monsieur de Climal étoit un faux dévot qui ne pouvoit avec honneur laisser transpirer ni jalousie, ni amour ; ils transpiroient pourtant malgré qu'il en

eût : il le fentoit bien, il en étoit
honteux, il avoit peur qu'on n'apperçût fa honte ; & tout cela enfemble lui donnoit je ne fçai quelle
incertitude de mouvemens, fote,
ridicule, qu'on voit mieux qu'on
ne l'explique : Et ce n'eft pas là
tout ; fon trouble avoit encore un
grand motif que j'ignorois : le voici,
c'eft que Valville en fe levant,
s'écria à demi bas, Eh! c'eft mon
oncle !

Nouvelle augmentation de fin-
gularité dans ce coup de hazard.
Je n'avois fait que rougir en le
voyant, cet oncle ; mais fa parenté
que j'apprenois me déconcerta encore d'avantage ; & la maniere dont
je le regardai, s'il y fit attention,
m'accufoit bien nettement d'avoir
pris plaifir aux difcours de Valville.
J'avois tout-à-fait l'air d'être fa
complice ; cela n'étoit pas douteux
à ma contenance.

De forte que nous étions trois
figures très-interdites. A l'égard de

la Dame que menoit Monſieur de
Climal, elle ne me parut pas s'ap-
percevoir de notre embarras, & ne
remarqua, je penſe, que mes graces,
ma jeuneſſe, & la tendre poſture de
Valville.

Ce fut elle qui ouvrit la con-
verſation. Je ne vous plains point,
Monſieur, vous êtes en bonne
compagnie, un peu dangereuſe à la
vérité; je n'y crois pas votre cœur
fort en ſureté, dit-elle à Valville
en nous ſaluant : à quoi d'abord il
ne répondit que par un ſourire, faute
de ſçavoir que dire. Monſieur de
Climal ſourioit auſſi, mais de mau-
vaiſe grace, & en homme indéter-
miné ſur le parti qu'il avoit à prendre, inquiet de celui que je prendrois; car falloit-il qu'il me con-
nût ou non, & moi-même allois-
je en agir avec lui comme avec un
homme que je connoiſſois ?

D'un autre côté, ne ſachant
auſſi quel accüeil je devois lui faire,
j'obſervois le ſien pour m'y confor-

mer ; & comme son air souriant ne
regloit rien là - dessus, la maniere
dont je le saluai ne fut pas plus déci-
sive, & se sentit de l'équivoque où
il me laissoit.

En un mot j'en fis trop & pas
assez. Dans la moitié de mon salut,
il sembloit que je le connoissois,
dans l'autre moitié, je ne le connoissois plus ; c'étoit oüi, c'étoit
non, & tous les deux manqués.

Valville remarqua cette façon
d'agir obscure ; car il me la dit depuis. Il en fut frappé.

Il faut sçavoir que depuis quelque tems, il soupçonnoit son oncle de n'être pas tout ce qu'il vouloit paroître, il avoit appris par
de certains faits à se défier de sa
Religion & de ses mœurs. Il voyoit
que j'étois aimable, que je demeu-
rois chez Madame Dutour, que
j'avois beaucoup pleuré avant que
de l'avoüer. Que pouvoit, après cela, signifier cet acceüil à double
sens que je faisois à M. de Climal
qui

qui n'avoit pas à son tour un maintien moins composé ni plus clair ? Il y avoit là matiere à de fâcheuses conjectures.

J'oublie de vous dire que je feignis de vouloir me lever, pour saluer plus décemment : Non , Mamoiselle , non , demeurez , me dit Valville , ne vous levez point ; Madame vous en empêchera elle-même quand elle sçaura que vous vous êtes blessée au pied : pour Monsieur, ajouta-t'il, en addressant la parole à son oncle, je crois qu'il vous en dispense , d'autant plus qu'il me paroît que vous vous connoissez.

Je ne pense pas avoir cet honneur-là , répondit sur le champ Monsieur de Climal , avec une rougeur qui vangeoit la verité de son effronterie. Est-ce que Mademoiselle m'auroit vû quelque part ? ajoûta-t'il , en me regardant d'un œil qui me demandoit le secret. Je ne sçai , repartis- je d'un ton

moins hardi que mes paroles ; mais
il me sembloit que la physionomie de Monsieur ne m'étoit pas
inconnuë. Cela se peut, dit-il. Mais
qu'est-t'il donc arrivé à Mademoiselle ? Est-ce qu'elle est tom-
bée ?

Et cette question là, il la faisoit à son neveu qui ne lui repon-
doit rien : Il ne l'avoit pas seulement entendu ; son inquietude l'oc-
cupoit bien d'autres choses.

Oüi, Monsieur, dis-je alors
pour lui ; toute confuse que j'étois
d'aider à soutenir un mensonge dans
lequel je voyois bien que Valville
m'accusoit d'être de moitié avec
son oncle : Oüi, Monsieur, c'est
une chute que j'ai faite près d'icy,
presqu'au sortir de la Messe, & on
m'a porté dans cette salle, parce
que je ne pouvois marcher.

Mais, dit la Dame, il faudroit
du secours. Si c'étoit une entorce,
cela est considerable. Estes-vous
seule, Mademoiselle ? N'avez-vous

perſonne avec vous? Pas un laquais?
Pas une femme? Non, Madame,
répondis-je, fachée de l'honneur
qu'elle me faiſoit, & que je repro-
chois à ma figure qui en étoit cauſe.
Je ne demeure pas loin d'ici. Hé
bien, dit-elle, nous allons diner
Monſieur de Climal & moi dans
ce quartier, nous vous remenerons.
Encore! dis-je en moi-même:
Quelle perſécution! Tout le monde a donc la fureur de me ramener!
car ſur cet article là, je n'avois pas
l'eſprit bien fait; & ce qui me
frappa d'abord, ce fut comme avec
Valville, l'affront d'être reconduite
à cette malheureuſe boutique.

Cette Dame qui parloit de femme, de laquais, dont elle s'imaginoit
que je devois être ſuivie, après
cette opinion faſtueuſe de mon
état, qui auroit-elle trouvé? Marianne. Le beau denouëment! Et
quelle Marianne encore? Une petite friponne en liaiſon avec Mon-

F ij

fieur de Climal, c'eft-à-dire avec un franc Hypocrite.

Car quel autre nom eût pû ef-perer cet homme de bien ? Je vous le demande. Que feroit devenuë la bonne odeur de fa vie, lui qui avoit nié de me connoître, & moi-même qui m'étois prêtée à fon impofture? N'aurois-je pas été une jolie migno-ne avec mes graces, fi Madame Dutour & Toinon s'étoient trou-vées fur le pas de leur porte, com-me ils en avoient volontiers la con-tume? & nous euffent dit : Ah! c'eft donc vous? Monfieur. Eh! d'où venez-vous Marianne? com-me affûrement ils n'y auroient pas manqué.

Oh! voila ce qui devoit me faire trembler, & non pas ma boutique; c'étoit là le véritable opprobre qui méritoit mon attention. Je ne l'ap-perçus pourtant que le dernier : & cela eft dans l'ordre. On va d'abord au plus preffé, & le plus preffé pour

nous, c'eſt nous même; c'eſt-à-dire
notre orgüeil, car notre orgüeil &
nous ce n'eſt qu'un, au lieu que nous
& notre vertu, c'eſt deux. N'eſt-
ce pas, Madame?

Cette vertu, il faut qu'on nous
la donne; c'eſt en partie une affaire
d'acquiſition. Cet orgüeil on ne
nous le donne pas, nous l'appor-
tons en naiſſant, nous l'avons tant
qu'on ne ſçauroit nous l'ôter; &
comme il eſt le premier en date, il
eſt dans l'occaſion le premier ſervi.
C'eſt la nature qui a le pas ſur l'é-
ducation. Comme il y a long-tems
que je n'ai fait de pauſe, vous aurez
la bonté de vouloir bien que j'ob-
ſerve encore une choſe que vous
n'avez peutêtre pas aſſez remarqué.
C'eſt que dans la vie nous ſom-
mes plus jaloux de la conſideration
des autres que de leur eſtime &
par conſéquent de notre innocen-
ce, parce que c'eſt préciſément
nous que leur conſideration diſtin-
gue, & que ce n'eſt qu'à nos mœurs

que leur eſtime s'adreſſe.

Oh! nous nous aimons encore
plus que nos mœurs. Eſtimez mes
qualités tant qu'il vous plaira, vous
diroient tous les hommes, vous me
ferez grand plaiſir, pourvû que
vous m'honnoriez, moi qui les ai,
& qui ne ſuis pas elles; car ſi vous
me laiſſez là, ſi vous négligez ma
perſonne, je ne ſuis pas content,
vous prenez à gauche; c'eſt comme
ſi vous me donniez le ſuperflus, &
que vous me refuſſaſſiez le néceſſaire; faites-moi vivre d'abord & me di-
vertiſſez après; ſinon j'y pourvoirai:
& qu'eſt-ce que cela veut dire?
C'eſt que pour parvenir à être hon-
noré, je ſçaurai bien ceſſer d'être
honorable; & en effet, c'eſt aſſez-là
le chemin des honneurs. Qui les
mérite n'y arrive guéres. J'ai fini.
Ma réflexion n'eſt pas mal placée,
je l'ai faite ſeulement un peu plus
longue que je ne croyois. En revanche, j'en ferai quelqu'autre ailleurs qui ſera trop courte.

Je ne fçai pas comment nous nous
nous ferions échapés Monfieur de
Climal & moi du péril où nous jettoit cette Dame, en offrant de me
reconduire.

Auroit-il pû s'exempter de prê-
ter fon carroffe ? aurois-je pû refu-
fer de le prendre ? Tout cela étoit
difficile. Il paliffoit, & je ne répondois rien ; fes yeux me difoient,
tirez-moi d'affaire, les miens lui difoient, tirez-m'en vous même ; &
notre filence commençoit à devenir fenfible, quand il entra un laquais qui dit à Valville que le caroffe qu'il avoit envoyé chercher
pour moi, étoit à la porte.

Cela nous fauva, & mon Tartufe
en fut fi. raffuré, qu'il ofa même
abufer de la fécurité où il fe trouvoit pour lors, & porter l'audace
jufqu'à dire : Mais il n'y a qu'à ren-
voyer ce caroffe, il eft inutile,
puifque voilà le mien ; & cela du
ton d'un homme qui avoit compté
me mener, & qui n'avoit négligé

de répondre à la propofition , que
parce qu'elle ne faifoit pas la moin-
dre difficulté.

Je fonge pourtant que je devrois
rayer l'épithete de Tartuffe que je
viens de lui donner ; car je lui ai
obligation à ce Tattuffe là. Sa mémoire me doit être chere , il devint
un homme de bien pour moi. Ceci
foit dit pour l'acquit de ma recon-
noiffauce , & en réparation du tort
que la verité hiftorique pourra lui
faire encore; cette verité a fes droits
qu'il faut bien que Monfieur de
Climal effuye.

Je compris bien qu'il s'en fioit
à moi pour l'impunité de fa hardief-
fe , & qu'il ne craignoit pas que
j'euffe la malice ou la fimplicité
de l'en faire repentir.

Non , Monfieur , lui répondis-je,
il n'eft pas néceffaire que je vous dé-
range , puifque j'ai une voiture pour
m'en retourner ; & fi Monfieur,
dis-je tout de fuite en parlant à Valville , veut bien appeller quelqu'un
pour

pour m'aider à me lever d'ici ; je partirois tout à l'heure.

Je pense que ces Messieurs vous aideront bien eux-mêmes, dit galamment la Dame, & en voici un, (c'étoit Valville quelle montroit,) qui ne sera pas fâché d'avoir cette peine-là; n'est-il pas vrai ? (discours qui venoit sans doute de ce qu'elle l'avoit vû à mes genoux.) Au reste, ajouta-t'elle, comme nous nous en allons aussi, il faut vous dire ce qui nous amenoit : Avez-vous des nouvelles de Madame de Valville ? (c'étoit la mere du jeune homme) Arrive-t'elle de sa Campagne? La reverrons-nous bientôt? Je l'attens cette semaine, dit Valville d'un air distrait & nonchalant, qui prouvoit mal cet empressement que la Dame lui avoit supposé pour moi, & qui m'auroit peut-être piquée moi-même si je n'avois pas eû aussi mes petites affaires dans l'esprit ; mais j'étois trop dans mon tort pour y trouver à redire. Il y avoit d'ailleurs dans sa

Part. II. G

nonchalance, je ne sçai quel fond de tristesse qui me rendoit honteuse, parce que j'en appercevois le motif.

Je sentois que c'étoit un cœur consterné de ne sçavoir plus si je méritois sa tendresse, & qui avoit peur d'être obligé d'y renoncer. Y avoit-il rien de plus obligeant pour moi, que cette peur-là, Madame? rien de plus flateur, de plus aimable; rien de plus digne de jetter mon cœur dans un humble & tendre embarras devant le sien? car c'étoit-là précisément tout ce que j'éprouvois. Un mélange de plaisir & de confusion, voilà mon état. Ce sont de ces choses dont on ne peut dire que la moitié de ce qu'elles sont.

Malgré cet air de froideur dont je vous ai parlé, Valville, après avoir satisfait à la question de la Dame, vint à moi pour m'aider à me lever, & me prit par dessous les bras; mais comme il vit que Monsieur de Climal s'avançoit aussi. Non , Monsieur, dit-il, ne vous en mêlez pas, vous ne seriez pas assez fort pour soûtenir Mademoiselle, & je doute quelle puisse poser le poser le pied à terre : il vaut mieux appeller quelqu'un. Monsieur de Climal se retira. (On a si peu d'assurance quand on n'a pas la conscience bien nette.) Et là-dessus il sonne. Deux de ses gens arrivent : approchez , leur dit-il , & tâchez de porter Mademoiselle jusqu'à son carosse.

Je crois que je n'avois pas besoin de cette cérémonie là, & qu'avec le secours de deux bras , je me serois aisément soutenuë ; mais j'étois si étourdie , si déconcertée que je me laissai mener comme on vouloit, & comme je ne voulois pas.

Monsieur de Climal & la Dame qui s'en retournoient ensemble me suivirent, & Valville marchoit le dernier en nous suivant aussi.

Quand nous traversames la Cour, je le vis du coin de l'œil qui parloit à l'oreille d'un laquais.

Et puis me voilà arrivée à mon carosse, où la Dame avant que de mon-
ter dans le sien, voulut obligeam-
ment m'arranger elle-même. Je l'en
remerciai. Mon compliment fut
un peu confus. Ce que je dis à Valville le fut encore d'avantage; Je
croi qu'il n'y répondit que par une
reverence qu'il accompagna d'un
coup d'œil où il y avoit bien des
choses que j'entendis toutes; mais
que je ne sçaurois rendre, & dont
la principale signifioit : Que faut-
il que je pense !

Ensuite je partis interdite, sans
sçavoir ce que je pensois moi-même, sans avoir ni joye ni tristesse,
ni peine, ni plaisir. On me menoit,
& j'allois : Qu'est-ce que tout cela
deviendra! Que vient-il de se passer!
voilà tout ce que je me disois dans un
étonnement qui ne me laissoit nul
exercice d'esprit, & pendant lequel
je jettai pourtant un grand soupir qui
échapa plus à mon instinct qu'à ma
pensée.

Ce fut dans cet état que j'arrivai chez Madame Dutour. Elle étoit affise à l'entrée de fa boutique, qui s'impatientoit à m'attendre, parceque fon diner étoit prêt.

Je l'apperçûs de loin qui me regardoit dans le caroffe où j'étois, & qui m'y voyoit, non comme Marianne, mais comme une perfonne qui lui reffembloit tant, qu'elle en étoit furprife ; & mon caroffe étoit déja arrêté à la porte, qu'elle ne s'avifoit pas encore de croire que ce fût moi (c'eft qu'à fon compte, je ne devois arriver qu'à pied.)

A la fin pourtant, il fallut bien me reconnoître. Ah! ah! Marianne, Eh! c'eft vous, s'écria-t-elle. Eh! pourquoi donc en fiacre? Eft-ce que vous venez de fi loin? Non, Madame, lui dis-je, mais je me fuis bleffée en tombant, & il m'étoit impoffible de marcher; Je vous conterai mon accident, quand je ferai rentrée. Ayez à prefent la bonté de m'aider, avec le cocher, à defcendre.

Le cocher ouvroit la portiere pendant que je parlois ; allez, allez, me dit-il , arrivez , ne vous embarraffez pas, Mademoifelle, pardî, je vous defcendrai bien tout feul. Un bel enfant comme vous, qu'eft-ce que cela pefe ? C'eft le plaifir : Venez, venez, jettez-vous hardiment , je vous porterois encore plus loin que vous n'iriez fur vos jambes.

En effet , il me prit entre fes bras , & me tranfporta comme une plume , jufqu'à la boutique où je m'affis tout d'un coup.

Il eft bon de vous dire, que dans l'intervale du tranfporr , je jettai les yeux dans la rüe du côté d'où je venois , & que je vis à trente ou quarante pas delà un des gens de Valville qui étoit arrêté , & qui avoit tout l'air d'avoir couru pour me fuivre ; & c'étoit apparemment là le réfultat de ce

qu'il avoit dit à ce laquais, quand
je l'avois vû lui parler à l'oreille.

La vûë de ce domeſtique ap-
poſté reveilla toute ma ſenſibilité
ſur mon avanture , & me fit encore rougir ; c'étoit un témoin de
plus de la petiteſſe de mon état ;
& ce garçon , quoiqu'il n'eût fait
que me voir chez Valville , ne ſe
feroit pas (j'en ſuis ſûre) imaginé
que je dûſſe entrer chez moi par
une boutique ; c'eſt une reflexion
que je fis ; n'en étoit-ce pas aſſez
pour être fâchée de le trouver là ?
Il eſt vrai que ce n'étoit qu'un laquais ; mais quand on eſt glorieuſe,
on n'aime à perdre dans l'eſprit de
perſonne ; il n'y a point de petit
mal pour l'orgüeil , point de mi-
nutie , rien ne lui eſt indifferent ,
& enfin ce valet me mortifia ; d'ailleurs , il n'étoit là que par l'ordre
de Valville , il n'y avoit pas à en
douter. C'étoit bien la peine que
mon maître fiſt tant de façon avec
cette petite fille-là ? pouvoit-il dire

en lui-même , d'après ce qu'il
voyoit. Car ces gens-là font plus mo.
queurs que d'autres ; c'eft le regal
de leur baffeffe que de méprifer ce
qu'ils ont refpecté par méprife, & je
craignois que cet homme-ci , dans
fon rapport à Valville , ne gliffât
fur mon compte quelque tournure
infultante; qu'il ne fe regalât un peu
aux dépens de mon domicile , &
n'achevât de rebuter la délicateffe
de fon maître. Je n'avois déja que
trop baiffé de prix à fes yeux. Il
n'ofoit déja plus faire tant de cas
de l'honneur qu'il y auroit à me
plaire , & adieu le plaifir d'avoir
de l'amour , quand la vanité d'en
infpirer nous quitte ; & Valville
étoit prefque dans ce cas-là. Voyez
le tort que m'eût fait alors le moin-
dre trait railleur jetté fur moi ; car
on ne fçauroit croire la force de
certaines bagatelles , fur nous ,
quand elles font placées, & la verité eft, que les dégoûts de Valville
provenus de-là , m'auroient plus fâ-

thée que la certitude de ne le plus
voir.

A peine fus-je affife, que je ti-
rai de l'argent pour payer le cocher ; mais Madame Dutour, en
femme d'experience, crut devoir
me conduire là-deffus ; & me trou-
va trop jeune pour m'abandonner
ce petit détail : Laiffez-moi faire,
me dit-elle, je vais le payer. Où
vous a-t-il pris? Auprès de la Pa-
roiffe, lui dis-je: Hé! c'eft tout près
d'ici, répliqua-t-elle en comptant
quelque monnoye; tenez mon enfant, voilà ce qu'il vous faut.

Ce qu'il me faut ! cela ! dit le
cocher, qui lui rendit fa monnoye
avec un dédain brutal, oh! que
nenni ; cela ne fe mefure pas à
l'aune : Mais que veut-il dire avec
fon aune, cet homme ? repliqua
gravement Madame Dutour : Vous
devez être content ; on fçait peut-
être bien ce que c'eft qu'un caroffe, ce n'eft pas d'aujourd'hui
qu'on en paye.

Eh! quand ce feroit de demain;
dit le cocher; qu'eſt-que cela avance? Donnez-moi mon affaire, & ne
crions pas tant: Voyez dequoi elle
ſe mêle ! Eſt-ce vous que j'ai menée ? Eſt-ce qu'on vous demande quelque choſe? Quelle diable de femme avec ſes douze ſols!
Elle marchande cela comme une
botte d'herbes.

Madame Dutour étoit fiere, pa-
rée, & qui plus eſt aſſez jolie, ce
qui lui donnoit encore une autre
eſpece de gloire.

Les femmes d'un certain état
s'imaginent en avoir plus de dignité, quand elles ont un joli viſage,
elles regardent cet avantage-là
comme un rang. La vanité s'aide
de tout, & remplace ce qui lui
manque avec ce qu'elle peut. Madame Dutour donc, ſe ſentit of-
fenſée de l'apoſtrophe ignoble du
cocher (je vous raconte cela pour
vous divertir) la botte d'*herbes* ſon-
na mal à ſes oreilles. Comment ce

jargon-là pouvoit-il venir à la bouche de quelqu'un qui la voyoit?
Y avoit-il rien dans son air qui fît
penser à pareille chose? En verité,
mon ami, il faut avoüer que vous
êtes bien impertinent, & il me
convient bien d'écouter vos soti-
ses! dit-elle, Allons, retirez-vous:
Voilà votre argent; prenez ou lais-
sez, qu'est-ce que cela signifie? Si
j'appelle un voisin, on vous ap-
prendra à parler aux Bourgeois plus
honnêtement que vous ne faites.

Hé bien, qu'est-ce que me vient
conter cette chiffonniere? repliqua
l'autre en vrai fiacre : Garre ! prenez garde à elle, elle a son fichu
des Dimanches! Ne semble-t-il pas
qu'il faille tant de cérémonies pour
parler à Madame? On parle bien à
Perete: Hé palsambleu! payez-moi:
Quand vous seriez encore quatre
fois plus bourgeoise que vous n'ê-
tes, qu'est-ce que cela me fait? Faut-
il pas que mes chevaux vivent ?
Avec quoi dîneriez-vous, vous qui

parlez , si on ne vous payoit pas
votre toile ? Auriez-vous la face si
large ? Fy! que cela est vilain d'être
crasseuse !

Le mauvais exemple débauche.
Madame Dutour qui s'étoit main-
tenuë jusques-là , dans les bornes
d'une assez digne fierté, ne put ré-
sister à cette derniere brutalité du
cocher ; elle laissa là le rolle de
femme respectable qu'elle joüoit,
& qui ne lui rapportoit rien , se
mit à sa commodité , en revint à
la maniere de quereller qui étoit
à son usage ; c'est-à-dire , aux discours d'une commere de comptoir subalterne ; elle ne s'y épar-
gna pas.

Quand l'amour propre , chez les
personnes comme elle , n'est qu'à
demi-fâché , il peut encore avoir
soin de sa gloire , se posseder , ne
faire que l'important , & garder
quelque décence ; mais dès qu'il
est poussé à bout, il ne s'amuse plus à
ces fadeurs-là , il n'est plus assez

glorieux pour prendre garde à lui ;
il n'y a plus que le plaiſir d'être
bien groſſier & de ſe déshonorer
tout à ſon aiſe qui le ſatisfaſſe.

De ce plaiſir-là Madame Dutour s'en donna ſans diſcretion :
Attens ! attens ! yvrogne, avec ton
fichu des Dimanches, tu vas voir
la Perete qu'il te faut ; je vais te
la montrer moi , s'écria-t-elle en
courant ſe ſaiſir de ſon aune qui
étoit à côté du comptoir,

Et quand elle en fut armée : Allons, ſors d'ici! s'écria-t-elle, ou je te
meſure avec cela ni plus ni moins
qu'une piéce de toile , puiſque toile
y a. Jarnibleu! ne me frappez pas !
lui dit le cocher qui lui retenoit
le bras ; Ne ſoyez pas ſi oſée ! je
me donne au diable, ne badinons
point ! Voyez-vous, je ſuis un gail-
lard qui n'aime pas les coups , ou
la peſte m'étouffe ! Je ne vous demande que mon dû , entendez-
vous ; il n'y a point de mal à ça.

Le bruit qu'ils faiſoient attiroit

du monde , on s'arrêtoit devant la
boutique : Me laisseras-tu ! lui disoit Madame Dutour qui disputoit
toujours son aune contre le cocher; Levez-vous donc, Marianne,
appellez Monsieur Ricard. Monsieur Ricard ! crioit-elle tout de
suite elle-même ; (& c'étoit notre
hôte qui logeoit au second & qui
n'y étoit pas) Elle s'en douta : Messieurs ! dit-elle , en apostrophant
la foule qui s'étoit arrêtée devant
la porte , je vous prends tous à témoins ! vous voyez ce qui en est, il
m'a battuë (cela n'étoit pas vrai)
je suis maltraitée ! Une femme
d'honneur comme moi? Eh vîte!
eh vîte ! allez chez le Commis-
saire, il me connoît bien , c'est moi
qui le fournis ; on n'a qu'à lui dire
que c'est chez Madame Dutour;
courez-y, madame Cathos, courez-y, ma mie ! crioit-elle à une
servante du voisinage; le tout avec
une cornette que les secousses
que le cocher donnoit à ses bras,

avoient rangée de travers.

Elle avoit beau crier, perſonne ne bougeoit, ni Meſſieurs, ni Cathos.

Le peuple à Paris n'eſt pas comme ailleurs : en d'autres endroits, vous le verrez quelquefois commencer par être méchant, & puis finir par être humain. Se querelle-t-on ? il excite, il anime. Veut-on ſe battre ? il ſépare. En d'autres Pays, il laiſſe faire, parce qu'il con nuë d'être méchant.

Celui de Paris, n'eſt pas de même, il eſt moins canaille, & plus peuple que les autres peuples.

Quand il accourt en pareil cas, ce n'eſt pas pour s'amuſer de ce qui ſe paſſe, ni comme qui diroit pour s'en réjoüir ; non, il n'a pas cette maligne eſpieglerie-là ; il ne va pas rire, car il pleurera peut-être, & ce ſera tant mieux pour lui ; il va voir, il va ouvrir des yeux ſtupidement avides; il va joüir bien ſérieuſement de ce qu'il ver-

ra ; en un mot alors , il n'est ni
polisson , ni méchant , & c'est en
quoi j'ai dit qu'il étoit moins canaille ; il est seulement curieux ;
d'une curiosité sote & brutale , qui
ne veut ni bien ni mal à personne,
qui n'y entend point d'autre finesse
que de venir se repaître de ce qui
arrivera. Ce sont des émotions d'a-
me que ce peuple demande , les
plus fortes sont les meilleures ; il
cherche à vous plaindre si on vous
outrage , à s'attendrir pour vous
si on vous blesse , à fremir pour
votre vie si on la menace , voilà
ses délices , & si votre ennemi
n'avoit pas assez de place pour vous
battre , il lui en feroit lui-même ,
sans en être plus mal-intentionné ;
& lui diroit volontiers: Tenez, faites à votre aise , & ne nous retran-
chez rien du plaisir que nous avons
à fremir pour ce malheureux. Ce
n'est pourtant pas les choses cruel-
les qu'il aime , il en a peur au
contraire ; mais il aime l'effroi
qu'elles

qu'elles lui donnent, cela remuë
fon ame qui ne fçait jamais rien,
qui n'a jamais rien vû, qui eft toujours toute neuve.

Tel eft le peuple de Paris à ce
que j'ai remarqué dans l'occafion.
Vous ne vous feriez peut-être pas
trop fouciée de le connoître : mais
une définition de plus ou de moins,
quand elle vient à propos, ne gâte
rien dans une hiftoire ; ainfi, laif-
fons celle là puifqu'elle y eft.

Vous jugez bien, fuivant le portrait que j'ai fait de ce peuple, que
Madame Dutour n'avoit point de
fecours à en efperer.

Le moyen qu'aucun des affif-
tans eût voulu renoncer à voir le
progrès d'une querelle qui promet-
toit tant ; à tout moment on tou-
choit à la cataftrophe. Madame
Dutour n'avoit qu'à pouvoir parvenir à frapper le cocher de l'aune
qu'elle tenoit ; voyez ce qu'il en
feroit arrivé avec un fiacre.

De mon côté, j'étois défolée ;

je ne ceſſois de crier à Madame
Dutour : Arrêtez-vous ! Le cocher
s'enroüoit à prouver qu'on ne lui
donnoit pas ſon compte ; qu'on
vouloit avoir ſa courſe pour rien,
témoins les douze ſols qui n'alloient jamais ſans avoir leur épithete ; & des épithetes d'un cocher, on en ſoupçonne l'incivile
élegance.

Le ſeul interêt des bonnes
mœurs devoit engager Madame
Dutour à compoſer avec ce miſe-
rable, il n'étoit pas honnête à elle
de ſoutenir l'énergie de ſes expreſ-
ſions ; mais elle en devoroit le
ſcandale en faveur de la rage qu'elle
avoit d'y répondre , elle étoit trop
fâchée pour avoir les oreilles déli-
cates.

Oüi, malotru ! oüi douze ſols ,
tu n'en auras pas davantage, diſoit-
elle : Et moi je ne les prendrai pas,
douze diableſſes , répondoit le
cocher. Encore ne les vaux-tu pas,
continuoit-elle ; N'es-tu pas hon-

teux, fripon ? Quoi ! pour venir
d'auprès de la Paroiſſe ici ? quand
ce ſeroit pour un caroſſe d'Am-
baſſadeur. Tiens, jarni de ma vie !
un denier avec, tu ne l'aurois pas :
J'aimerois mieux te voir mort, & il
n'y auroit pas grand perte ; & ſou-
viens toi ſeulement que c'eſt aujourd'hui la ſaint Mathieu, bon
jour, bonne œuvre ; ne l'oublies
pas ! & laiſſe venir demain ; tu ver-
ras comme il ſera fait : c'eſt moi
qui te le dis qui ne ſuis pas une
chiffonniere, mais bel & bien Madame Dutour, Madame pour toi,
Madame pour les autres ; & Madame tant que je ſerai au monde,
entens-tu ?

Tout ceci ne ſe diſoit pas ſans
tâcher d'arracher le bâton des
mains du cocher qui le tenoit, &
qui à la grimace & au geſte que
je lui vis faire, me parut prêt à
traiter Madame Dutour comme un
homme.

Je crois que c'étoit fait de la
H ij

pauvre femme : un gros poing de mauvaife volonté , levé fur elle, alloit lui apprendre à badiner avec la moderation d'un fiacre ; fi je ne m'étois pas hâtée de tirer environ vingt fols , & de les lui donner.

Il les prit fur le champ , fecoüa l'aune entre les mains de Madame Dutour affez violemment pour l'en arracher , la jetta dans fon arriere boutique , enfonça fon chapeau, en me difant : Grand merci , mignone , fortit de-là , & traverfa la foule qui s'ouvrit alors , tant pour le laiffer fortir , que pour livrer paffage à Madame Dutour , qui vouloit courir après lui , que j'en empêchai , & qui me difoit que, jour de Dieu ! je n'étois qu'une petite fote : Vous voyez bien ces vingt fols - là , Marianne , je ne vous les pardonnerai jamais , ni à la vie , ni à la mort ; ne m'arrêtez pas , car je vous battrai. Vous êtes encore bien plaifante avec

vos vingt fols, pendant que c'eft
votre argent que j'épargne? Et mes
douze fols, s'il vous plaît, qui eft-
ce qui me les rendra? (car l'intérêt
chez Madame Dutour ne s'étour-
diſſoit de rien) Les emporte-t'il
auſſi, Mademoiſelle? Il falloit donc
lui donner toute la boutique.

Eh! Madame, lui dis-je, votre
monnoye eft à terre, & je vous la
rendrai ſi on ne la trouve pas;
ce que je diſois en fermant la
porte d'une main, pendant que je
tenois Madame Dutour de l'autre.

Le beau carillon! dit elle,
quand elle vit la porte fermée; ne
nous voilà pas mal! Ah ça, voyons
donc cette monnoye qui eft à
terre, ajouta-t-elle en la ramaſſant,
avec autant de ſens froid que s'il
ne s'étoit rien paſſé. Le coquin eft
bien heureux que Toinon n'ait pas
été ici, elle vous auroit bien empê-
ché de jetter l'argent par les fenê-
tres; mais il faut juſtement que cette
begueule-là ait été dîner chez ſa

mere : Malepeſte ! elle eſt un peu
meilleure menagere! Auſſi n'a-t-el-
le que ce qu'elle gagne , & les autres ce qu'on leur donne ; au lieu
que vous , Dieu merci , vous êtes ſi
riche, vous avez un ſi bon tréſorier,
pourvû qu'il dure.

Eh ! Madame, lui dis-je, avec quelque impatience , ne plaiſantons
point là-deſſus, je vous prie , je ſçais
bien que je ſuis pauvre , mais il n'eſt
pas neceſſaire de m'en railler, non
plus que des ſecours qu'on a bien
voulu me donner ; & j'aime encore
mieux y renoncer , n'avoir rien , &
ſortir de chez vous que d'y demeurer expoſée à des diſcours auſſi déſo-
bilgeans. Tenez! dit-elle, où va-telle
chercher que je la raille ? A cauſe
que je lui dis qu'on lui donne. Hé
pardi oüi , on vous donne, & vous
prenez , comme de raiſon ; à bien
donné bien pris ; ce qui eſt donné
n'eſt pas fait pour reſter là peut-
être ; & quand on voudra , je prendrai, voilà tout le mal que j'y ſça-

che , & je prie Dieu qu'il m'arrive : On ne me donne rien , je ne
prens rien , & c'eſt tampis ; voyez
de quoi elle ſe fâche ? Allons ,
allons , dînons , cela devroit
être fait ; il faut aller à Vêpres.
Et tout de ſuite , elle alla ſe
mettre à table. Je me levai pour
en faire autant en me ſoûtenant ſur
cette aune que Madame Dutour
avoit remis ſur le comptoir , & je
n'en avois pas trop beſoin.

Il me faudroit un chapitre exprès ſi je voulois rapporter l'entretien que nous eûmes en mangeant.

Je ne diſois mot , & je boudois ;
Madame Dutour, comme je crois
l'avoir déja dit , étoit une bonne
femme, dans le fond , ſe fâchant
ſouvent au-delà de ce qu'elle étoit
fâchée ; c'eſt-à-dire. que de toute
la colere qu'elle montroit dans
l'occaſion , il y en avoit bien la
moitié dont elle auroit pû ſe paſſer ,
& qui n'étoit-là que pour repre-
ſenter ; c'eſt qu'elle s'imaginoit que

plus on se fâchoit, plus on faisoit figure ; & d'ailleurs, elle s'animoit elle-même du bruit de sa voix : son ton quand il étoit brusque engageoit son esprit à l'être aussi. Et C'étoit de tout cela ensemble que me vint cette enfilade de duretés, que j'essuyai de sa part ; & ce que je dis-là d'elle, n'annonce pas des mouvemens de mauvaise humeur bien opiniâtres, ni bien sérieux : Ce sont des bêtises, ou des enfances, dont il n'y a que de bonnes gens qui soient capables; de bonnes gens de peu d'esprit, à la verité, qui n'ont que de la foiblesse pour tout caractere ; ce qui leur donne une bonté habituelle avec de petits défauts, de petites vertus qui ne sont que des copies de ce qu'ils ont vû faire aux autres.

Et telle étoit Madame Dutour, que je vous peins par hazard, en passant. Ce fut donc par cette bonté habituelle qu'elle fut touchée de mon silence.

Peut-être

Peut-être aussi s'en inquiéta-t-elle à cause de la menace que je lui avois faite de sortir de chez elle, si elle me chagrinoit davantage ; ma pension étoit bonne à conserver.

A qui en avez-vous donc ? me dit-elle, comme vous voilà muete & pensive ? Est-ce que vous avez du chagrin ? Oüi, Madame, vous m'avez mortifiée, lui répondis-je, sans la regarder.

Quoi ! vous songez encore à cela ? reprit-t-elle ; Eh ! mon Dieu, Marianne, que vous êtes enfant ! Qu'est-ce donc que je vous ai dit ? Je ne m'en souviens plus. Est-ce que vous croyez quand on est en colere, qu'on va éplucher ses paroles ? Eh ! pardi, ce n'est pas pour s'épiloguer qu'on vit ensemble. Hé bien, j'ai parlé un petit brin de Monsieur de Climal; est-ce cela qui vous fâche, à cause que c'est lui qui prend soin de vous, & qui fait votre dépense ? Est-ce-là tout ? Gageons, parce que

vous n'avez ni pere ni mere ;
que vous avez crû encore que je
penſois à cela ? car vous êtes
d'un naturel ſoupçonneux , Marianne , vous avez toujours l'eſprit
au guet ; Toinon me l'a bien dit ,
& ſous pretexte que vous ne con-
noiſſez point vos parens , vous allez toujours vous imaginant qu'on
n'a que cela dans la tête. Par hazard , hier avec notre voiſine , nous
parlions d'un enfant trouvé qu'on
avoit pris dans une allée . vous é-
tiez dans la ſalle , vous nous enten-
dîtes ; n'allâtes - vous pas croire,
que c'étoit vous que nous diſions?
Je le vis bien à la mine que vous
fiſtes en venant, & voilà que vous
recommencez encore aujourd'hui?
Et je prie Dieu que ce ſoit là mon
dernier morceau , ſi j'ai non plus
penſé à pere & mere, que s'il n'y
en avoit jamais eu pour perſonne!
Au ſurplus , les enfans trouvés , les
enfans qui ne le ſont point , tout
cela ſe reſſemble , & ſi on mettoit

là tous ceux qui font comme vous,
fans qu'on le fçache, s'il falloit que
le Commiffaire les emportât, où
diantre les mettroit-il? Dans le monde on eft ce qu'on peut, & non pas
ce qu'on veut. Vous voilà grande
& bien faite, & puis Dieu eft le pere de ceux qui n'en ont point,
Charité n'eft pas morte. Par e-
xemple, n'eft-ce pas une Providen-
ce que ce Monfieur de Climal? Il
eft vrai qu'il ne va pas droit dans
ce qu'il fait pour vous, mais qu'importe, Dieu mene tout à bien; fi
l'homme n'en vaut rien, l'argent
en eft bon, & encore meilleur que
d'un bon chrétien qui ne donne-
roit pas la moitié tant. Demeurez
en repos, mon enfant, je ne vous
recommande que le ménage: On ne
vous dit point d'être avaricieufe;
voilà que ma fête arrive, quand ce
viendra la vôtre, celle de Toinon;
dépenfez alors, qu'on fe régale, à
la bonne heure, chacun en profite:
mais hors cela, & dans les jours

de carnaval où tout le monde se réjoüit, gardez-moi votre petit fait.

Elle en étoit là de ses leçons, dont elle ne se lassoit pas, & dont une partie me scandalisoit plus que ses brusqueries, quand on frappa à la porte. Nous verrons qui c'étoit dans la suite; c'est ici que mes Avantures vont devenir nombreuses & interessantes : je n'ai pas encore deux jours à demeurer chez Madame Dutour, & je vous promets aussi moins de reflexions si elles vous fâchent; vous m'en direz votre sentiment.

Fin de la seconde Partie de la Vie de Marianne.

APPROBATION.

J'Ai lû par ordre de Monseigneur le Garde des Sceaux, un Manuscrit, intitulé, *La suite de Marianne.* FAIT à Paris ce quinze Janvier 1734.

Signé, SAURIN.

PRIVILEGE DU ROI.

LOUIS, par la grace de Dieu, Roi de France & de Navarre ; A nos amés & feaux Conseillers, les Gens tenans nos Cours de Parlement, Maîtres des Requêtes ordinaires de notre Hôtel, Grand Conseil : Prevôt de Paris, Baillifs, Senechaux, leurs Lieutenans Civils , & autres nos Justiciers qu'il appartiendra : SALUT. Notre bien amé PIERRE PRAULT, Libraire & Imprimeur à Paris ; Nous ayant fait remontrer qu'il souhaiteroit imprimer ou faire imprimer & donner au Public, un Ouvrage qui a pour titre : *Les Oeuvres du Sieur de Marivaux, La Vie de Marianne, &c.* s'il Nous plaisoit lui accorder nos Lettres de Privilege sur ce necessaires ; offrant pour cet effet, de le faire imprimer en bon Papier & beaux Caractères , suivant la Feüille imprimée & attachée pour modèle sous le contre-Scel des Presentes : A CES CAUSES , voulant favorablement traiter ledit Exposant, Nous lui avons permis & permettons, par ces Presentes , de faire imprimer ledit Ouvrage ci-dessus specifié , en un ou plusieurs Volumes, conjointement ou separément, & autant de fois que bon lui semblera, lur Papier & Caracteres conformes à ladite Feüille imprimée & attachée pour modéle sous notredit contre-Scel, & de le vendre, faire vendre & debiter par tout notre Royaume, pendant le tems de *six* années consecutives, à compter du jour de la date desdites Presentes : Faisons défenses à toutes sortes de personnes, de quelque qualité & condition qu'elles soient, d'en introduire d'impression étrangere dans aucun lieu de notre obéïssance ; comme aussi à tous Libraires, Imprimeurs, & autres d'imprimer, faire imprimer, vendre, faire vendre, debiter ni contrefaire ledit Ouvrage ci-dessus exposé, en tout ni en partie, ni d'en faire aucuns extraits, sous quelque prétexte que ce soit, d'augmentation, correction, changement de titre ou autrement, sans la permission expresse & par écrit dudit Exposant, ou de ceux qui auront droit de lui, à peine de confiscation des Exemplaires contrefaits, de quinze cens livres d'amende contre chacun des contrevenans, dont un tiers à Nous, un tiers à l'Hôtel-Dieu de Paris, l'autre tiers audit Exposant, & de tous dépens, dommages & interests ; A la charge que ces Presentes seront enregistrées tout au long sur le Registre de la Communauté des Libraires & Imprimeurs de Paris, dans trois mois de la datte d'icelles ; Que l'Impression de ces Ouvrages sera faite dans notre Royaume & non ailleurs ; Et que l'Impetrant se conformera en tout aux Reglemens de la Librairie, & notamment à celui du 10 Avril 1725. & qu'avant que de l'exposer en vente, les Manuscrits ou Imprimés qui auront servi de copies à l'impression desdits Livres, seront remis dans le même état où les Approbations y auront été données, ès mains de notre très-cher & feal Chevalier Garde des Sceaux de France, le Sieur Chauvelin ; & qu'il en sera ensuite remis deux

Exemplaires de chacun dans notre Bibliotheque publique, un dans celle de notre Château du Louvre, & un dans celle de notredit très-cher & feal Chevalier Garde des Sceaux de France, le Sieur Chauvelin ; le tout à peine de nullité des Presentes ; Du contenu desquelles Vous Mandons & Enjoignons de faire joüir ledit Exposant ou ses Ayans cause, pleinement & paisiblement, sans souffrir qu'il leur soit fait aucun trouble ou empêchement : Voulons qu'à la Copie desdites Presentes, qui sera imprimée tout au long au commencement ou à la fin dudit Ouvrage, soit tenuë pour düement signifiée, & qu'aux Copies collationnées par l'un de nos amez & feaux Conseillers-Secretaires, foi soit ajoûtée comme à l'Original ; Commandons au premier notre Huissier ou Sergent, de faire, pour l'execution d'icelles, tous Actes requis & nécessaires, sans demander autre Permission, & nonobstant clameur de Haro, ChartreNormande & Lettres à ce contraires : CAR tel est notre plaisir. DONNE' à Fontainebleau le dix-neuviéme jour du mois de Juillet, l'an de grace mil sept cent trente-un, & de notre Regne le seiziéme. Par le Roi en son Conseil.

Signé, VERNIER.

Regiſtré ſur le Regiſtre VIII. de la Chambre Royale des Libraires & Imprimeurs de Paris, N°. 211, Fol. 204. conformément aux anciens Reglemens, confirmés par celui du 28 Février 1723. A Paris, le 9 Aouſt 1731.

Signé, P. A. LE MERCIER, Syndic.

LIVRES NOUVEAUX
qui se vendent chez le même Libraire,
1734.

De Madame de Gomez.

Histoire d'Osman, premier du nom, XIX.ᵉ Empereur des Turcs, in 12. quatre parties.

De Monsieur * * *

Histoire de l'Empire des Cherifs en Affrique, in 12. trois parties.

De Monsieur Le Sage.

Histoire d'Estevanille Gonzales, surnommé le Garçon de bonne humeur, in 12. deux parties.

De Madame Durand.

Les petits Soupers de l'Eté, in 12. deux parties.
Les Memoires secrets de la Cour de Charles VII. deux parties, *sous presse.*

De Monsieur de S.

Relation de l'Isle imaginaire, & l'Histoire de la Princesse de Paphagonie, in 12.
Le Napolitain, ou le defenseur de sa Maîtresse, in 12.
Le Beau Polonois, nouvelle Historique, in 12.
Amusemens Historiques, in 12.
Le Comte Roger, Souverain de la Calabre, in 12.
La Femme foible, in 12.
Bibliotheque des Théatres, in 8°.
Logogriphes du Théatre & du Parnasse, avec la Clef, in 24.
Almanach Militaire, ou le Calendrier des Officiers & des Gens de Guerre, in 24.

LA VIE

DE

MARIANNE,

O U

LES AVANTURES

DE MADAME

LA COMTESSE DE ***

Par Monsieur DE MARIVAUX.

TROISIE'ME PARTIE.

A PARIS,

Chez PRAULT, Fils, Quay de Conty,
vis-à-vis la descente du Pont-Neuf,
à la Charité.

M. DCC. XXXV.

Avec Approbation, & Privilege du Roy.

www.ingramcontent.com/pod-product-compliance
Lightning Source LLC
Chambersburg PA
CBHW060636100426
42744CB00008B/1648